日本共産党と中韓

左から右へ大転換してわかったこと

筆坂秀世

ワニブックス
|PLUS|新書

はじめに

私が「日本共産党」から参議院議員選挙に出馬し、比例区で初当選したのが平成七年（一九九五年）、ちょうど二〇年前のことだった。そして、私が同党を離党したのが平成一七年（二〇〇五年）七月、今年でちょうど一〇年になる。

共産党に入党する前の一〇代の私は、「自分は何のために生まれてきたのか？　自分などは社会にとって不要な人間ではないのか？」と、自分の存在意義を見つけることができずに悶々《もんもん》としていた。

そんな時に出会ったのが、「社会主義革命」を目指す日本共産党であった。

『マルクス エンゲルス　共産党宣言』（岩波文庫）の中に次の有名な一節がある。

「（ブルジョア階級は）かれら自身の墓掘人を生産する。かれらの没落とプロレタリア

階級の勝利は、ともに不可避である」（※ブルジョア階級＝資本家階級／プロレタリア階級＝賃金労働者階級）

「資本主義から社会主義への発展は世界史的必然」というわけである。

こうしたマルクス主義（社会主義の思想体系。生産力と生産関係の矛盾から社会主義へと移行するのは必然的な結果であるとし、その変革は労働者階級によって実現されると説く）の唯物史観（「世界の歴史は経済的な発達により進化する」という歴史観）は、人類解放の理論として私を強く捉えた。

つまり、共産党に入党することは、歴史の「必然的」な発展に寄与するというのだから、そこに強烈な使命感が付与されるのは当然なことである。

「私的利益を一切求めず、革命のために自己犠牲をいとわない」というストイックな生き方は、世間知らずな若い私を惹《ひ》きつけるには十分だった。何しろ、「労働者階級を指導し、革命に導く前衛」というのが共産党である。まさに〝襤褸《ぼろ》は着てても心は錦《にしき》〟という気分だった。そして私は昭和四二年（一九六七年）、日本共産党に入党することになる。一八歳の時だった。

その後、五七歳で離党するまでの間、私は准中央委員、中央委員、幹部会委員、常任幹部会委員、政策委員長、書記局長代行など、共産党中央委員会の多くの役職を務めてきた。実に四〇年近くを党員として過ごしたことになる。

しかし、共産党の幹部として活動していく中で、共産主義は所詮《しょせん》ユートピア（どこにもない理想郷）思想に過ぎないことを思い知った。ソビエト連邦や中国、カンボジア、北朝鮮を例に挙げるまでもなく、現実の共産・社会主義体制は、人類解放どころか、専制主義的一党独裁の人類抑圧社会でしかなかったのである。


今では私は「保守派」として言論活動を行っている。そんな私に大きな影響を与えてくれたのが、昨年一二月に逝去された中條高徳氏（享年八七）である。私が中條氏に出会ったのは、共産党を離党して七年経った平成二四年（二〇一二年）のことだ。当時、中條氏は国家戦略研究のシンクタンク「日本戦略研究フォーラム」の会長であった。

中條氏は、陸軍士官学校（六〇期）時代に終戦を迎えた後、朝日麦酒（現アサヒビール）に入社され、常務取締役営業本部長として「アサヒスーパードライ」作戦による会社再生計画で大成功を収めた方である。その後も、アサヒビール副社長、アサヒビール飲料（現アサヒ飲料）代表取締役会長などを歴任された。

中條会長と懇意になり、お会いするたびに言われたことがある。それは、「君は一回の人生で二回生きているんだよ。いい人生だ」という言葉だった。

福沢諭吉の『文明論之概略』（岩波文庫）の緒言《しょげん》に、「あたかも一身《いっしん》にして二生《にせい》を経《ふ》るが如く、一人《いちにん》にして両身《りょうしん》あるが如し」という文章がある。

慶應義塾の創立者として知られる福沢は、生涯の最初の半分を封建制の江戸時代に、後の半分を明治維新の時代に生きた。まさに「一身二生」である。

私自身を福沢諭吉と比べるのは畏れ多いが、先述した通り、たしかに私は前半生のほぼ四〇年を共産党員（左派）として生き、その後、保守派へ転身することとなった。

だが、自分で選んだこの人生に悔いはない。共産党に入らなければ、国会議員になることもなかっただろう。思いもしなかった人生だが、貴重な経験をさせてもらった。

さて、中條会長とはいろいろな話をしたが、一番うれしかったのは、「君が（かつて）

共産党に入党したのも、私が陸軍士官学校に入ったのも、（日本を良くしたいという）思いは同じだ」という趣旨の話をしていただいたことだった。

共産党と日本陸軍、方向こそまったく違ったものの、その思いは同じだったと思う。

中條氏には多くの著書があるが、そのうちの一冊に『おじいちゃん 戦争のことを教えて――孫娘からの質問状』（小学館文庫）がある。タイトル通り、中條氏が自分の孫娘からの戦争についての質問に答えていくという話である。

この本の中で、中條氏がなぜ陸軍士官学校（陸士《りくし》）に入学したのかについて詳述されている。それによると、中條氏の青年期、「国のために尽くすには、軍人になるのが一番であり、それは人間として立派なことだという空気」があったという。また、「おじいちゃんが子どものころの、優秀な子は陸士か海兵に入って軍人になろうという志向には、公的使命感が大きな比重《ひじゅう》を占めていた」と述べておられる。

そうした状況が特殊なことではなく、ごく普通であったことは容易に想像がつく。当時の日本男子の多くが軍国少年だった。

実際、戦後に日本共産党の衆議院議員になった東中光雄氏や松本善明氏らも海軍兵学校（海兵《かいへい》）出身で、東中氏は特攻隊の一員でもあった。「国のために尽くそう」という思いがあったからこそ、海兵に入学したのだと思う。

その選択の是非はともかく、この国のために、この社会のために貢献したいという気持ちは、中條氏と私には共通のものがあったのだ。

さらに、中條氏は前掲書の中で現憲法について、「（現憲法は）日本に主権のない占領下に制定された」、「だから、独立後に憲法を検討し、国民の総意に基づいて新たに制定し直すという手続きが必要だったのだ」、「ところが、それはなされず、曖昧《あいまい》なままに五十有余年を過ぎて、今日にいたってしまった。そこにいまの日本の禍根《かこん》がある」と述べておられる。

戦後の日本は、カイロ宣言やポツダム宣言、東京裁判やサンフランシスコ条約、そして憲法とアメリカの指示をそのまま受け入れてきただけで、日本人自身の頭であの戦争を総括してこなかった。日本の歴史、文化、伝統を改めて吟味することもしていない。憲法とともに、国家にとっての二大柱ともいうべき防衛すらアメリカに委ね、真剣に検討してこなかった。さらに学校教育でも近現代史が省かれてきた。

ここでいう〝戦後の日本〟には、もちろん日本共産党も含まれる。共産党は、東京裁判の結果をそのまま受け入れ、「戦争をした日本は悪い国だった」と断罪し、日本の歴史や伝統を吟味することなく否定してきた。また、防衛については考えを二転三転して、アメリカ軍や自衛隊についてもただただ反対しているだけである。

自国の近現代史を語れないような国を、まともな国家とはいえない。

戦後七〇年の節目である今夏、安倍内閣は「七〇年談話」を発表する準備をしている。戦後の日本を総括した、内容の深い談話になることを期待している。

ただ、私は何も日本の過去のすべてを美化せよと言っているのではない。悪いところも、良いところもたくさんあったはずだ。これらを正直に振り返ることが今、最も必要とされる。その際、中條氏の前掲書をぜひ参考文献の一冊にしてもらいたいと思う。

本書では、私がかつて所属した「日本共産党」を軸に近現代史をひもといていく。

将来のヒントは過去にある。本書が、この日本がより良い国になるための一助になれば幸いである。

目次

第三章　中国と日本共産党

第四章　韓国と日本共産党 …… 113

第六章　靖国神社参拝問題と日本共産党

※本書の記述は個人の見解であり、特定の人物・団体などを否定する意図は含んでおりません

序章　離党から一〇年——日本共産党とは何だったのか

知られていない〝日本共産党の正体〟

日本共産党は、「イデオロギー政党」とか「理論政党」などとよくいわれる。

現在の党規約でも、「党は、科学的社会主義（※かつては「マルクス・レーニン主義」と呼称）を理論的な基礎とする」（第二条）と明記し、党員の義務として「党大会、中央委員会の決定をすみやかに読了し、党の綱領路線と科学的社会主義の理論の学習につとめる」（第五条）とされている。

つまり、（政党の路線や掲げる主張を決めるための）党大会や中央委員会の決定は、党員が議論によって練り上げるものではなく、「学ぶ」対象なのである。

私がこう言うと、共産党サイドは「党大会前に決議（案）の全党討論を経て、練り上げられたものが党大会決定である」と反論する。

だが、実態はそんなものではない。

共産党には「読了率」という言葉がある。党大会などで決定された文書を何人の党員が読んだか、それを点検する場合に使われるものだ。

この「読了率」が100％になることは絶対にない。なぜなら、党大会決定が掲載された「しんぶん赤旗」（以下「赤旗」）の日刊紙を読んでいない党員が少なくないからだ。また、「赤旗」を購読していても、長大な決定文書を読み切るのは簡単ではないので、文書発表の半年後ぐらいでも、読了率は五割に満たないことがほとんどである。

つまり、党大会前には決議（案）が発表されるが、党大会が終わっても読み終わってすらいない党員が半分以上いるのが実態である。

それなのに、どうやって「党大会前に決議（案）の全党討論を経て、練り上げる」のか——。党の反論は、単なる建前だ。

ここで何が言いたいのかといえば、共産党員の一番の任務が、党中央の決めたことを「学ぶ」ことに矮小化《わいしょう》化しているという事実である。

「歴史観」を例にとれば、日本共産党の歴史的役割を徹頭徹尾、正当化する歴史観がすでに党内に出来上がっている。ここに疑問を差しはさむことなど決して出来ないのだ。

例えば、日本共産党では、あの戦争（第二次世界大戦）は「日独伊侵略ブロックの敗北、ソ連を中心とする反ファシスト連合国と世界民主勢力の勝利」（六一年綱領）と、「ファシズム、軍国主義（枢軸国）と反ファッショ（連合国）の戦争」と位置付けている。

相互不可侵を謳った「日ソ中立条約」を破って参戦し、「ヤルタ密約」に基づいて千島列島や歯舞諸島、色丹島を強奪したソ連を、反ファシスト連合国と世界の民主勢力の「先頭」と位置付けていたのだから、今から思えば呆れるほかない。

「ポツダム宣言」が党の保証文書

日本共産党は、極東国際軍事裁判（東京裁判）を正しい裁判と位置付けてきた。この歴史観を共産党が変えることはあり得ない。なぜなら、これこそ戦後の日本共産党の原点ともいえるからである。

次のように述べる「ポツダム宣言」も、同様に日本共産党の原点となっている。

「我らは無責任な軍国主義が世界より駆逐されるまでは平和、安全、および、正義の新秩序が生じ得ないことを主張する。従って、日本国国民を欺瞞して世界征服の暴挙に出る過ちを犯させた者の権力と勢力は永久に除去する」

「我らの捕虜を虐待した者を含む一切の戦争犯罪人に対しては厳重な処罰を加える。日本国政府は日本国国民の間における民主主義的傾向の復活強化に対する一切の障害を除去すべきだ。言論、宗教、思想の自由、ならびに基本的人権の尊重は確立されなければならない」

共産党の現在の党綱領においても、ポツダム宣言について、「軍国主義の除去と民主主義の確立を基本的な内容としたもので、日本の国民が進むべき道は、平和で民主的な日本の実現にこそあることを示した。これは、党が不屈に掲げてきた方針が基本的に正しかったことを、証明したものであった」としている。

つまり、ポツダム宣言を党の〝正当性の保証文書〟として扱っているのである。

私自身、共産党に在籍中は、この歴史観に疑問を抱いていたわけではない。ことさら研究を深めることもなく、自明のこととして、この歴史観を受け入れていた。そのため「侵略戦争に唯一反対した平和の党」という日本共産党の最大の謳い文句を、私自身、何の疑問も抱かずに何度も演説会などで語ってきた。

だが、日本共産党を離党して以降、はたしてこの歴史観が本当に正しいのかどうか、見つめなおすようになったのである。

戦争を内乱に転化→革命成功が最終目標だった

戦前の日本共産党は、ソ連共産党が指導するコミンテルン（共産主義インターナショナル）の日本支部であった。

戦前の党の綱領的文書は、このコミンテルンで作成されたものであり、当然のことながら、そこにはソ連の意向が色濃く反映されていた。当時のソ連は、「労働者の祖国」として、日本の共産党員にとっては憧れの存在だったのである（実際にはスターリン独裁の、それこそ「暗黒の社会」だったのだが）。

このコミンテルンの方針には、「日本のプロレタリアートおよびその共産党に、戦争反対の闘争を労働者農民およびいっさいの勤労者のもっとも緊急な日常利益のための闘争、かれらの経済的および政治的奴隷化に反対する闘争と結びつけ、かくして帝国主義戦争を内乱に転化し、ブルジョア＝地主的天皇制の革命的転覆を招来するという任務を課している」(「日本における情勢と日本共産党の任務に関するテーゼ」通称三二年テーゼ「赤旗」一九三二年七月一〇日特別号に発表)などとなっていた。

つまり、戦争を内乱に転化し、共産革命を成功させることが最終目標だったということである。

「帝国主義戦争を内乱に転化」と謳っているわけだから、当然、武力闘争路線である。

この「三二年テーゼ(方針書)」には、「革命的情勢の存在する時、なかんずく天皇制の転覆の瞬間において、全国にわたり広範に、労働者農民兵士ソビエトを樹立すること、ブルジョア=地主的独裁の国家機構の完全なる粉砕(警官、憲兵、陸海軍の士官の武装解除、労働者農民の武装、プロレタリア赤衛軍の創設、議会や中央および地方の権力機関の解散、労働者農民による官吏の選挙制の実施、等々)のために闘争すること」とある。

しかし、戦前の日本共産党は壊滅的な状態に置かれており、幸いにも「戦争を内乱に転化」する力などなかった。しかも、「内乱に転化」するということは、要するに内戦に持ち込むということである。もしそんなことになっていれば、日本は違った意味で悲劇的な事態に陥っていたことであろう。

武力闘争や内戦を是としていたこと一つ取っても、日本共産党は「侵略戦争に唯一反対した平和の党」などとは、到底、言えるものではない。

さて、では一方のアメリカ、イギリス、ソ連などの連合国側は、本当に正義の立場に立脚していたと言えるのだろうか。彼らも植民地支配を続け、領土拡張、勢力圏の拡張を図っていた。あの戦争はまさに帝国主義間の戦争でもあったのである。

アメリカは、日本に対して国際法違反である無差別爆撃や原爆投下までした。今でも「アメリカ帝国主義」と呼んでいる日本共産党が、このアメリカの責任をまったく問わずに来たのはどういうことか。

中国や韓国との関係においても、日本共産党はひたすら日本の侵略戦争、植民地支配の問題としてこれを取り上げ、日本を断罪する立場に立っている。慰安婦問題においても、韓国が好んで使う「性奴隷」という言葉を使い、韓国から歓迎されている。

結局、日本共産党が言っていることは、ひとことで言えば、「日本はとんでもなく悪い国だった。今もそれを反省しない悪い国だ」ということに尽きる。

だが、本当にそうなのか。日本だけが悪い国だったのだろうか――。私が日本共産党を離党して以来、考えていることはその点である。

第一章では、かつての戦争をテーマに、それらを詳しく考えていきたい。

第一章　コミンテルンと日本帝国主義の戦争

戦前の日本共産党の最大目標は、中国革命成功とソ連擁護

第二次世界大戦や中国、韓国と日本の関係、日本共産党の活動を振り返る場合、コミンテルン（共産主義政党による国際組織）がどういう役割を果たしたのかは、切り離せない重要な要素である。コミンテルンの思想、活動は、第二次大戦開戦前後の日本に想像以上に大きな影響を与えている。コミンテルンは、レーニンの提案によって大正八年（一九一九年）三月に創立された。翌九年に第二回大会が開催され、ここでレーニンが起草した「共産主義インタナショナルへの加入条件」が採択されている（八月六日）。

加入条件として社会愛国主義者、社会平和主義者と「絶対的に絶縁する」ことを求め、「共産主義インタナショナルに所属する党は、民主主義的『中央集権制』の原則にもとづいて建設されなければならない。現在のような激しい内乱の時期には、党がもっとも中央集権的に組織され、党内に軍隊的規律に近い鉄の規律がおこなわれ、党中央が、広範な全権をもち、全党員の信頼をえた、権能のある、権威ある機関であるばあいにだけ、共産党は自分の責務をはたすことができるであろう」としていた。

続けて、「共産主義インタナショナルに所属することを希望するすべての党は、反革命勢力にたいするたたかいで各ソビエト共和国を献身的に支持する義務がある」とした。

こうして「共産党」という世界党が誕生したわけである。

大正一三年（一九二四年）のレーニン死去以降、世界革命の流れが退潮する中でスターリンが一国社会主義論を打ち出したため、コミンテルンはよりいっそう社会主義ソ連を守る組織に変貌していった。その後、昭和一六年（一九四一年）から独ソ戦が勃発し、ソ連がイギリスと「連合国」を形成したことから存在意義を失い、同一八年五月にコミンテルンが解散するまでは、共産党はその日本支部としての党だったのである。

戦前の日本共産党の代表的な綱領的文書として、「二七年テーゼ」と前述した「三二年テーゼ」があるが、これらにはソ連共産党の意向が色濃く反映していたのも当然である。

日本より、中国での革命を優先させろとの指令

中国では大正一三年（一九二四年）以来、スターリンの指示によって蒋介石《しょうかいせき》率いる国

民党と中国共産党の「第一次国共合作」（中国共産党員が個人として国民党に入党）が成立していた。しかし昭和二年（一九二七年）、蔣介石によるクーデターによって国共合作は破綻《はたん》し、内戦状態に突入する。

ソ連は、ソ連の体制を維持するためにも中国での革命を渇望していた。こういう状況のもとで作られたのが日本共産党の役割を示す「二七年テーゼ」である。そこには、「共産党は、今日国際的革命家の組織に課せられている緊切焦眉の義務を、全力をあげて果たさねばならぬ。すなわち党は、中国における日本の干渉と、ソビエト連邦にたいする日本の戦争準備とにたいして闘争する義務を果たさなければならぬ。

以上のことから出発して、日本共産党は、次のごとき行動綱領を提出し、次のごときスローガンをかかげなければならぬ。

帝国主義戦争の危険にたいする闘争。

中国革命から手をひけ！

ソビエト連邦の擁護。

植民地の完全なる独立」

とある。立花隆著『日本共産党の研究（一）』（講談社文庫）によると、この「二七年テーゼ」を解説した「報告の要点」という当時の日本共産党の内部文書があり、そこには次のように述べられているという。

「従来党の見解は日本は極東に於ける強大なる帝国主義国家である。日本が崩壊せざる限り支那革命も朝鮮、其の他の解放運動も共に成功するものではない、そこで支那革命に於て反植民地解放諸運動に於て日本の労働階級は指導的な任務を以て援助せねばならぬと云ふ見解を持つてゐた。

極東に於ける日本帝国主義の役割は大きい、たしかに日本は極東に於ける高度に発達した、資本主義国家である。然しながら今日に於ては革命の接近性は一国に於ける資本主義条件の発達の程度に依つて計量することは出来ない、世界資本主義全体の中にどこに一番大きな矛盾が解決されない状態として表はれてゐるかに依つて決定される。

そこで今日に於ては明白に支那に於てその革命期を見る、現に革命闘争が展開されてゐる。そしてこの革命の展開は世界資本主義全体を揺り動かしてゐると云ふことを注意せねばならぬ、我々は此の点について極めて誤つてゐた。日本は高度に発達した資本主義で支那は後れてゐる。
だから日本が最初だ、日本が出来ない限りどこでも出来ないと考へてゐたではないか」

要するに、日本は中国より高度に発達した資本主義国だから、日本での革命が先だと考えていたが、それは間違っていた。資本主義の発達の程度によって『計量』は出来ない。中国では革命闘争が進んでいることもあるので、日本共産党はまず中国革命の成功に貢献せよ。また、社会主義ソ連を守るために闘争せよ、ということである。

立花氏は、「これだけ露骨に、おまえの国の革命より隣国の革命のほうが重大事だといわれた例はないのではないか」と指摘しているが、まさしくその通りだろう。

自主独立性のなかった日本共産党

「三二年テーゼ」においても、ソ連擁護や中国革命のために日本共産党は闘え、という指示が露骨に示されている。

「革命的階級は、反動的戦争の場合には、ただ自国政府の敗北を願いうるばかりである。

政府軍隊の敗北は、日本における天皇制政府を弱め、支配階級にたいする内乱を容易にする。中国の植民地的奴隷化をめざして行なわれつつある日本帝国主義の現在の戦争においては、日本の共産主義者の行動スローガンは『中国の完全なる独立のための闘争』でなければならぬ。中国またはソビエト連邦にたいする帝国主義戦争の諸関係の下においては、日本の共産主義者はただに敗戦主義者たるばかりでなく、さらにすすんでソビエト連邦の勝利と中国国民の解放とのために積極的に闘わねばならぬ」

当時の日本共産党に自主独立という立場はなかった。そもそも活動資金もコミンテルンに依存していたこともあり、共産党はコミンテルンの歯車の一つだったに過ぎない。

そして、その活動の力点は、日本の戦争での敗北であり、ソ連擁護と中国革命の成功に置かれていたのである。

ゾルゲ事件とコミンテルンの関係

当時のソ連は、日本がドイツと結びついて対ソ戦に踏み切ることを非常に警戒していた。「二七年テーゼ」や「三二年テーゼ」からも、そのことがうかがえる。

「二七年テーゼ」には、「遠からざる将来においてはソビエト連邦にたいする戦争を共同で準備するため、イギリス帝国主義者とブロックを結ぶであろうし、すでにかなりの程度までそれを結んでいる」と分析している。

また、当時の日本の二大政党である立憲政友会と憲政会についても、「政友会が、国家機構内で非常に大きな役割を演じている封建的諸要素、貴族及び軍閥＝宮廷徒党とより密接に結びついているのにたいして、（中略）憲政会はソビエト連邦にたいしてもより温和な立場をとっている」などと分析している。日本の動向をいかにソ連が注視していたか、ここからもうかがい知ることができよう。

時系列で整理してみると、昭和一一年（一九三六年）に日本とドイツはコミンテルンに脅威を感じて防共協定を結んでいたが、一四年にドイツはソ連と独ソ不可侵条約を締結。翌一五年九月には日独伊三国同盟が締結され、さらに一六年四月には日ソ中立条約が締結された。しかし同年六月、ドイツ国防軍がソ連に侵入し、独ソ戦が始まる。

当時コミンテルンが最も知りたかったのは、日本軍が北方のソ連に向かうのか、資源獲得のために南方のイギリス領マラヤやオランダ領東インドに向かうのかであった。

その時に活躍したのが、すでに日本にスパイとして送り込まれていたリヒャルト・ゾルゲである。昭和八年（一九三三年）九月にドイツ紙の新聞記者かつナチス党員として日本に赴任したゾルゲは、駐日ドイツ大使に接近して主にドイツの情報を収集し、ソ連に報告していた。

ゾルゲは昭和一六年（一九四一年）一〇月一八日にスパイ容疑で逮捕されるが、その直前、後述する尾崎秀実を介して日本軍はソ連と戦う意思がないという情報を掴み、ソ連へ打電した。その結果、ソ連は対日本軍に備えて満州やシベリアに配備していた精鋭部隊を対独戦に投入することができ、最終的には二〇年五月、独ソ戦に勝利する。

検察側の調査によれば、ゾルゲの秘密諜報《ちょうほう》機関は、ソ連擁護のためにコミンテルンの手により日本国内に設置された。その主要な任務は、日本の対ソ攻撃からのソ連の防衛ないし日本の対ソ攻撃の阻止に役立つ諜報の探知収集であった。ゾルゲ自身はソ連共産党中央委員会および赤軍参謀本部第四局に所属して、日本の政治、外交、軍事、経済等の機密を探知し、ソ連共産党最高指導部、すなわちソ連政府最高指導部に通報していた。

ゾルゲは、検事の尋問に対して、「私をはじめ私のグループは決して日本の敵として日本に渡来したのではありませぬ。また私たちは一般のいわゆるスパイとは全くその趣を異にしているのであります。英米諸国のいわゆるスパイなるものは日本の政治上、経済上、軍事上の弱点を探り出し、これに向って攻撃を加えんとするものでありますが、私たちはかような意図から日本における情報を蒐集《しゅうしゅう》したのではありませぬ。私たちはソ連と日本との間の戦争が回避される様に力を尽してもらいたいという指令を与えられたのであります」と答えている。つまり、ゾルゲの主任務は、日本軍が北方ではなく、南方に向かうように工作することだったのである。

尾崎秀実とゾルゲの出会い

「ゾルゲ事件」で、ゾルゲとともに死刑になった尾崎秀実は、朝日新聞の記者であると同時に、近衛文麿政権のブレーンも務めていた。そのため、政府の最上層部、中枢部と接触でき、政策に大きな影響を与えていたと言われている。

昭和三年（一九二八年）、尾崎は大阪朝日新聞上海支局に赴任し、アメリカ人ジャーナリストであり、すでにコミンテルンのもとで活動していたアグネス・スメドレーと出会い、情交関係を結んでいた。その後、上海滞在中にスメドレーの紹介でゾルゲと知り合う。

昭和七年（一九三二年）に大阪朝日新聞本社に戻り、来日していたゾルゲの要請で、尾崎は諜報組織に加わったとされている。尾崎は、逮捕後の取調べで、「我々のグループの目的・任務は、狭義には世界共産主義革命遂行上の最も重要な支柱であるソ連を日本帝国主義から守ること」であったと供述しているように、完全な共産主義者であった。彼は、同僚はもちろん、妻にまで正体を隠していたという。

ちなみにゾルゲの諜報機関は、日本共産党とは一切連絡を取ることはなかった。その理由は、一つには、地下活動に潜っている日本共産党と連絡を取っても大した情報は得られないこと、二つには、当時の日本共産党は、官憲側のスパイが容易に入り込めるような組織で、昭和一〇年（一九三五年）には最後の中央委員であった袴田里見が逮捕され、中央委員会の機能そのものが壊滅させられていたからだと思われる。

コミンテルンは、一方では日本共産党を使い、他方ではスパイ諜報機関を使い、日本軍の北進を抑えようとした。結果論としては、それは成功したと言える。

コミンテルンは日米戦争を帝国主義間の戦争と見ていた

第二次世界大戦は、今では「反ファッショ対ファシズム・軍国主義の戦争」と規定されている。だが、そんな単純な図式が本当に当てはまるのだろうか。

それに決定的な疑問を提起するのが、コミンテルンとソ連共産党の取った行動である。前述のように昭和一四年（一九三九年）にソ連は、敵対していたヒトラー・ドイツとの間で独ソ不可侵条約を締結している。この条約と同時に締結された秘密追加議定書は、独ソ両国によるポーランド侵攻、ソ連によるバルト三国併合とフィンランドへの侵略などを黙認するものであった。

この年、ヒトラー・ドイツがポーランドに侵攻を開始したのに対して、イギリス、フランスが宣戦布告し、第二次世界大戦が始まることになる。

ヒトラーは、独ソ不可侵条約によって、当面ソ連との開戦を回避することが可能となり、イギリス、フランスとの戦争に力を集中できるようになった。これが第二次大戦の開戦を早めることとなった原因だ。その意味でもスターリンの責任は重大である。

その後、ソ連もドイツに呼応してポーランドに侵攻し、ポーランド東部を併合した。バルト三国でもソ連軍が侵攻し、親ソ的な政府が作られ、強行的にソビエト連邦に加盟させられてしまった。

この当時、ソ連政府は、それまでの反ファシズムという方針を変更して、ヒトラー・ドイツと戦っているイギリス、フランスを「害悪」とまで言って批判する態度を取っている。コミンテルンも、この方針転換を各国共産党に押し付けていった。

この態度は、ヒトラー・ドイツが昭和一六年（一九四一年）六月にソ連に侵攻するまで続いた。こうしたソ連共産党やコミンテルンの態度が〝反ファシズム〟などと言えないことは明白である。

昭和一八年（一九四三年）五月、「コミンテルン第一回大会が選んだ労働者の団結の組織形態が各国における労働者運動の成長と任務の複雑化にともない……各国の労働者党の今後の発展の障害とさえなるにいたった」として、コミンテルンは解散されることになった。

だが、真相はそんなきれいごとではなかった。世界革命の拠点としてのコミンテルンを消滅させることにより、アメリカ軍やイギリス軍のヨーロッパ大陸上陸を促し、ヒトラー・ドイツ軍を東西から攻撃するというスターリンの思惑によるものであったのだ。

コミンテルンの動向として注目すべきは、第二次世界大戦が、帝国主義間の戦争だと見ていたことである。「二七年テーゼ」には、次のようにある。

「日本帝国主義とイギリス帝国主義との利害はすでに中国において鋭く衝突している。日本の新聞が、シンガポールにイギリスが海軍根拠地を建設したことを、直接にまた公然と日本に向けられた敵対的行為であると解しているのは、けっして偶然ではない。

日本とアメリカ合衆国との対立にいたっては、さらにいっそう重大である。アメリカの移民法の鉾先はなによりもまず日本に向けられている。同時に、日本の領土拡張に対立する太平洋岸におけるアメリカ合衆国の領土拡張の進行は、この両者間の衝突をますます切迫せしめ、ますます不可避とならしめている。アメリカ合衆国、イギリスおよび日本は、中国革命にたいして共同で闘争し、ソビエト連邦にたいし共同で戦争を準備しているると同時に、また相互間における戦争を準備し、太平洋の帝国主義的分割のための血みどろの闘争を準備している」

「移民法」とは大正一三年（一九二四年）七月一日から施行された法律で、アジア出身者に対して全面的に移民を禁止する条項が設けられている。コミンテルン主導で作られた日本共産党の綱領的文書で、このようにアメリカの移民法を取り上げていることは非常に興味深い。

実はアメリカの「移民法」が日米開戦の遠因に

明治維新以降、日本の人口が急激に増加していったこともあり、明治政府は海外への移民を国策として奨励した。明治元年（一八六八年）にハワイ王国への移民が開始されて以降、北米を中心に移民政策が進められることになる。さらに、同一〇年（一八七七年）の西南戦争に端を発する国内経済の混乱と、農村の困窮が深刻化したことで、移民奨励に拍車が掛かったのである。

また、明治三七年（一九〇四年）の日露戦争において、日本は莫大な軍事費を費消することになった。翌年、戦争続行は不可能と判断したため、「賠償金は支払わない」というロシア側の主張を受け入れて講和するしかなかった。形の上では日本の勝利だが、日露戦争での戦費が日本経済に重くのしかかってきたことも、移民を奨励するひとつの要因となった。そのため、同四一年（一九〇八年）には南米ブラジルへの正式な移民も進められたのである。

当時、アジアからアメリカへの移民の大半は日本が占めていたが、北米では東洋人に対する移民に反対論が徐々に強まりつつあった。すでに帝国主義列強の仲間入りをしていた日本にとって、移民の禁止はその矜持《きょうじ》からしても認められるものではない。それだけに、大正一三年（一九二四年）にアメリカで移民法が成立した時は日本に大きな衝撃を与え、日本人以外のアジア人も移民禁止の対象だったにもかかわらず、「排日移民法」と呼んだほどである。

移民法によって日本は大きな移民先を失ったため、その代替として満州を重視せざるを得なくなった。それが後の満州事変につながったとする見方も存在する。

昭和天皇も敗戦後、日米開戦の遠因として「加州移民拒否の如きは日本国民を憤慨させるに充分なものである。（中略）かゝる国民的憤慨を背景として一度、軍が立ち上つた時に、之を抑へることは容易な業ではない」（『昭和天皇独白録』文藝春秋）と述べている。

アメリカの対日思惑の真意は

大正一三年（一九二四年）制定の移民法だけではなく、昭和四年（一九二九年）にアメリカのウォール街から始まった世界恐慌に日本も巻き込まれる。輸出は激減し、企業倒産、操業短縮は激増し、中でも生糸の輸出を行っていた農村は壊滅的な打撃を受けた。

この世界恐慌の中で、アメリカやイギリス、フランスはブロック経済化を進めていった。英米仏と違って植民地の少なかった日本は、朝鮮、台湾、満州を含めた経済ブロックの構築を進め、後に支那（中国）も加わった日満支経済ブロックとなる。日本と同様、植民地の少なかったドイツ、イタリアも膨張主義に転じることとなった。

日本では、昭和六年（一九三一年）の満州事変から二〇年の敗戦まで、満州国（中国東北部）、内モンゴル地区に、満蒙開拓団として約二七万人を入植させている。

こうした状況の中、「二七年テーゼ」では、アメリカが明治三一年（一八九八年）にハワイを併合し、明治三四年（一九〇一年）にはスペインから独立したフィリピンを植民地支配の下に置いたことを挙げ、「（日米）両者間の衝突をますます切迫せしめ、ますます不可避とならしめている」と指摘している。さらに、「三二年テーゼ」でも次のように述べている。

「日本帝国主義は極東から攻撃することによって、それと同時にまたはそれに引き続いて間もなくフランスおよびその属国（ポーランド等々）が西部からソビエト連邦を攻撃するための諸条件を作ることになっている。日本が中国におけるその略奪戦争において、他の帝国主義列強および全体としての国際連盟から受けた支持は、まずなによりも以上のごとき反ソビエト計画によって説明される。中国の分割に共同する用意のあるイギリスは、日本による満州の占領に反対しないでいる。この場合イギリスは、一部分はアメリカ帝国主義の鼻をあかそうという考えによって導かれているのだが、やはり主としては反ソビエト戦線の参加者としてのその利害によって導かれているのである。アメリカは、中国全体を自己の従属下におこうと努力しており、それゆえに、日本帝国主義にたいしては激しい対立をなしているが、しかしアメリカは今日までのところ日本にたいしまだ公然たる積極的方策を取るにいたっていない。アメリカは、一方においては戦争が長びいた結果として日本が弱まるのを待っているのだし、他方ではイギリスと日本との接近を恐れているのだ。だがそれにしてもアメリカならびにその他の帝国主義列強は、なによりもまず日本帝国主義がソビエト連邦にたいする戦争において先鋒の任務を引き受けることに望みをかけているのだ」

テーゼの指摘通り、アメリカは昭和一四年（一九三九年）の日米通商航海条約の破棄通告に始まり、航空機ガソリン製造設備、製造技術に関する権利の輸出の停止、翌年には特殊工作機械等の対日輸出の許可制、航空機用燃料の西半球以外への全面禁輸、屑鉄の全面禁輸、さらに翌年には日本の在米資産凍結令、石油の対日全面禁輸を行ってきた。イギリスやオランダもこれにならった。いわゆるＡＢＣＤ包囲網（Ａはアメリカ

〈Ａｍｅｒｉｃａ〉、Ｂはイギリス〈Ｂｒｉｔａｉｎ〉、Ｄはオランダ〈Ｄｕｔｃｈ〉と、対戦国であった中華民国〈Ｃｈｉｎａ〉の頭文字）である。

さまざまな謀略を得意とするコミンテルンは、なかなか冷静に当時の帝国主義列強を見ていたということだ。いずれにしろ、「ファッショ対反ファッショ」などという見方をしていたのではなく、帝国主義列強間の覇権争いと見ていたということである。

戦前の日本共産党の綱領である「二七年テーゼ」や「三二年テーゼ」でも、米英仏も帝国主義国家として帝国主義戦争を行っていたと規定していた。

ところが、日本が敗北した途端、連合国側は自由と民主主義、反ファッショの陣営として美化されたのである。

スターリンのどこが反ファシズムなのか

昭和五七年（一九八二年）に出版された『日本共産党の六十年』（新日本出版社）という党史では、次のようにソ連の役割を絶賛している。

「ソ連が参戦し、米・英・ソの連合が成立してはじめて、米英も戦争の大目的はヨーロッパでの民主主義の回復、世界における民主主義の確立にあるということをみとめ、これが連合国側の共同の綱領に明確にうたわれるようになった」

はたしてそうだろうか。たしかに、米・英ともに帝国主義的野望をもっていた。だとしても、ソ連が参戦することによって〝正義の戦争〟になったという見解には、根本的な疑問を持たざるを得ない。

昭和一六年（一九四一年）八月に、ルーズベルト米大統領とチャーチル英首相との間で大西洋憲章がまとめられる。その要点は、①領土の不拡大・不変更②民族自決③平和の確立④ドイツの武装解除などであった。

翌年一月に米英ソなど二六カ国が参加して連合国共同宣言がまとめられるが、その基本となったのは「大西洋憲章」である。日本共産党によれば、まるでソ連が加わらなければ連合国の共同綱領が持てなかったかのようだが、経過に照らせば不正確である。

ましてやスターリンは、大西洋憲章のわずか二年前の昭和一四年（一九三九年）八月、ヒトラーと独ソ不可侵条約を結び、反ファシズムの戦いの旗を一度は降ろしているのである。

スターリンは昭和二〇年（一九四五年）二月のヤルタ会談で、自らも賛成した大西洋憲章や連合国共同宣言、カイロ会談で確認された領土不拡大の方針に反して、対日参戦の条件として、日本の領土である千島列島や樺太のソ連領有を要求し、ルーズベルトらに認めさせている。戦後の昭和二一年（一九四六年）二月、スターリンはそんなことは知らないとばかりに、次のように言う。

「枢軸諸国にたいする第二次世界戦争は、第一次世界戦争とは違って、最初から反ファシスト解放戦争の性格をおびたのであって、民主主義的自由の回復もまたその任務の一つであった。枢軸諸国にたいする戦争にソ連がくわわったことは、第二次世界戦争の反ファシスト的・解放的性格をつよめざるをえなかったし、実際にまたつよめたのである」

だが、日本が降伏文書に調印した昭和二〇年（一九四五年）九月二日には、「一九〇四年の日露戦争でのロシア軍隊の敗北は、国民の意識に重苦しい思い出を残した。この敗北は、わが国に汚点をしるした。わが国民は、日本が粉砕され、汚点が一掃される日がくることを信じ、それを待っていた。四十年間、われわれ古い世代のものはこの日を待っていた。そして、ここにその日は訪れた」と国民への呼びかけを行っているのである。

ヤルタ会談での千島列島などの割譲要求の際、ルーズベルトの通訳を務めたチャールズ・ボーレンは、「ソ連は日本に参戦する理由がなく、参戦は国民に説明できない。千島などのソ連による領有を認めるなら、国民は理解するだろう」という趣旨の発言をしたという。つまり、領土拡張と日露戦争敗北の報復というのが、ソ連の対日参戦の本当の理由なのだ。これを「反ファッショ」などといえないことは明らかである。

マルクス共産主義は夢物語だったのか

『共産党宣言』には、「労働者は祖国をもたない」、「プロレタリアは、革命においてくさりのほか失うべきものをもたない。かれらが獲得するものは世界である。（中略）万・国・の・プ・ロ・レ・タ・リ・ア・団・結・せ・よ！」とある。

だが、現実はどうであったか。「マルクスのこのプロレタリアートはユートピアの世界の主人公であって、現実の労働者ではない。産業革命期の悲惨な立場におかれた労働者は世界史的存在としての意識はもてなかったし、その生活が改善されるに応じて、労働者は失うべきものと祖国をもつようになるからである」（和田春樹著『歴史としての社会主義』岩波新書）。※万国の労働者が団結することはなかったのである。

私がこの本を読んでいたら日本共産党に入党しなかっただろうなと思わされた本がある。慶應義塾大学塾長だった小泉信三著『共産主義批判の常識』（講談社学術文庫）がそれだ。その中の「社会主義必然論」で、次のように見事な批判がなされている。

「今日人をして社会主義の批判的吟味をはばかり、逡巡せしむるものの一は、察するにマルクス以来の社会主義必然論であろう。マルクスおよびその随従者が資本主義の崩壊および社会主義の到来の必然を唱え、この思想が一世の風潮をなしてより以来、そのいわゆる必然とは厳密なる意味においてそもそも何ほどのことを意味するかを吟味するよりも先きに、知識人はこの風潮に逆らってあたかも不善を働くものであるかのごとく見られることを恐れ、まずこの大勢に順応して他意なきことを示し、しかる後わずかに若干の批判的意見を述べて退くというのが、世の通例であるように思える。

しかし経験科学の領域内においては、未来の歴史的経過に対しては必然論は成立しない。与えられたる条件に徴し、吾々は歴史の未来の経過に対し、ある可能性または蓋然性を結論することができる。しかし無数の原因の輻合する現実の歴史世界においては、それ以上に、動かし難い単一の因果連鎖の絶対的なる束縛を意味する、必然というものは認められぬ」

「マルクスその人がヘエゲル形而上学の繋縛《けいばく》から全くは放たれず、世界史の経過は、過去と未来とにわたって、すでに細大漏らさず計画が定まっているという観方から脱却しなかったことも事実であるが、それはどこまでも厳密に科学的であろうとしたマルクシズムとは相容れない立場である。しかるに社会主義の到来はある蓋然性《がいぜんせい》をもつというのと、社会主義の到来は歴史的必然であるというのとでは、それから人の受ける印象は全く違う。人は歴史的必然の前には畏怖するが、その実現がある確からしさをもつにすぎぬという事物に対しては、あえて批判を下すことをはばからぬであろう」

ソ連崩壊や社会主義国が資本主義の道を歩んでいる今の世界を小泉氏が見たら、資本主義から社会主義への蓋然性は皆無だと判定したかもしれない。

第二章　日本に武力闘争路線を押し付けた毛沢東

迷惑な存在だった毛沢東

私が日本共産党に入党した頃、中国共産党との関係はといえば、ひとことで言って最悪であった。毛沢東主導の「文化大革命」をめぐって、日本共産党と中国共産党は大喧嘩の最中だったのだ。

中国共産党は、毛沢東の思い通りにならない日本共産党に対して「宮本修正主義集団」と当時の宮本顕治書記長を批判し、日本人民の前には「四つの敵」（アメリカ帝国主義、日本の反動勢力＝佐藤栄作内閣、現代修正主義＝ソ連修正主義、そして日共・宮本修正主義）がいるとして、この打倒を呼びかけていたのである。日本共産党の打倒を目指すというのだから、穏やかではなかった。

きっかけになったのは、昭和四一年（一九六六年）三月に訪中した宮本顕治書記長（当時）らと、劉少奇、鄧小平との会談である。中国側が、革命運動の唯一の道として武装闘争を絶対化する態度を取ったことに対し、日本共産党がそれを否定したことだった。

その後、宮本書記長は毛沢東との会談でも、当時、中国共産党が修正主義として強く批判していたソ連共産党を、日中両党共同声明において名指しで批判するかどうかをめぐって決裂した。後述するが、ちょうどこの時期、毛沢東が文化大革命を開始する。日本共産党と毛沢東党主席との関係が最悪になっていた昭和四二年（一九六七年）、私が入党してすぐ読まされたのが、毛沢東や毛沢東路線を批判する長大論文の数々だった。

毛沢東とその路線に関連して同年に発表された主な論文だけでも、次のようなものがあった。日付はいずれも「赤旗」に掲載された日である。

「在日華僑学生らの襲撃事件について、北京放送などのわが党と日中友好運動にたいする攻撃に反論する」（三月一五日）

「評論員論文　極左日和見主義者の中傷と挑発」（四月二九日）

「撹乱者への断固とした回答――毛沢東一派の極左日和見主義集団とかれらに盲従する反党裏切り分子の党破壊活動を粉砕しよう」（八月二一日）

「今日の毛沢東路線と国際共産主義運動」（一〇月一〇日）

当時、中国では毛沢東の個人崇拝が強要され、「現代のもっとも偉大なマルクス・レーニン主義者」、「沈まない太陽」と礼賛され、その名前の前には必ず「偉大な教師、偉大な指導者、偉大な統帥者、偉大な舵手」と四つの崇拝句が付けられていた。また、紅衛兵と呼ばれた若者が『毛沢東語録』を掲げ、反革命分子と見做《な》した党幹部を後ろ手にして引き回すなど、好き放題に暴れていた時期でもある。

その光景は、日本のテレビでも連日放映され、日本の国民の間にも、それまでにまして「暴力革命の共産党」「議会政治破壊の共産党」というイメージを拡大し、共産主義や共産党への嫌悪感が強まっていた。前掲のいくつかの論文も、要するに日本共産党は中国共産党とは違って「暴力革命の政党ではありません」、「議会制民主主義を大切にする政党です」ということを必死に説明するものであった。

したがって、われわれ世代の日本共産党員は、毛沢東に対して良い印象を持つことはまったくなかった。それどころか、とてつもなく迷惑な存在でしかなかったのである。

中国共産党と毛沢東が暴力革命唯一論、人民戦争万能論を、日本共産党や日本の革命運動へ押し付けようとしたのは、文化大革命が行われた昭和四〇年代が初めてではなかった。実はこの路線に従ったために、大きな打撃を受けた歴史が日本共産党にはあったのである。

スターリンと中国共産党の思惑

中国革命の成功が目前に迫っていた昭和二四年（一九四九年）夏、中国共産党の劉少奇がモスクワを秘密裏に訪問してスターリンと会談した際、スターリンはアジアでの民族解放運動などに中国共産党の革命運動の経験、すなわち人民戦争万能論の影響を拡げていくことを提案した。

これは、東ヨーロッパでの覇権を確立したソ連とスターリンが、今度は中国共産党を使ってアジアにその影響力を拡大していこうという覇権主義の思惑からであった。

革命成功後にソ連の支援を必要としていた中国共産党は、このスターリンの思惑に全面的に乗っかっていくことになる。

昭和二四年一〇月一日に中華人民共和国の成立が宣言された直後の一一月、世界労連の「アジア・大洋州労働組合会議」が北京で開催された際、開会あいさつに立った劉少奇は、早速、武装闘争こそが人民解放闘争の主要な形態であることを強調した。いわゆる「劉少奇テーゼ」である。

これがスターリン公認の方針であったことは、コミンフォルム機関紙「恒久平和と人民民主主義のために」の翌昭和二五年（一九五〇年）一月二七日付論説「植民地および従属諸国における民族解放運動等の強力な前進」の中で、「共産党指導の下に人民解放軍を組織すること」が「民族解放闘争勝利のただ一つの決定的条件」だと述べていたことでも明らかであった。

ソ連、中国に批判された野坂の「平和革命論」

昭和二五年（一九五〇年）一月、コミンフォルム（正式名称は共産党・労働者党情報局。実体は、スターリンが世界各国の共産党や労働者党に支配的影響力を行使、その運動に介入する機関であった）が、「日本の情勢について」と題する評論員論文で日本共産党批判を行った。

その主要な内容は、野坂参三が唱えていた「アメリカ占領軍が存在する場合でさえも、平和的方法によって日本が直接社会主義に移行することが可能である」という平和革命論を「反マルクス主義的、反社会主義的『理論』の日本版」「日本人民大衆をあざむく理論である」と厳しく批判するものであった。

徳田球一や野坂らは、当初、宮本顕治や志賀義雄らの反対を押し切って、コミンフォルム批判の受け入れを拒否する「所感」を発表した。しかし、その直後に中国共産党機関紙「人民日報」が論説で「所感」を批判したことなどもあって、「所感」を撤回し、批判を受け入れる方向に転換することとなる。

だが、共産党内では徳田、野坂らと宮本、志賀らの対立は深まっていった。

加えて同年六月には、中国革命の波及を恐れたGHQ最高司令官マッカーサーが吉田茂首相に書簡を送り、日本共産党を「民主主義的傾向を破壊」するものとして国会議員を含む全中央委員や赤旗編集委員の公職追放を指令したため、日本共産党は事実上半非合法状態に追い込まれていた。党中央委員会は解体、分裂状態に陥っていく。

野坂参三は日本共産党創立以来のメンバーである。戦前、密かにアメリカに渡った後、コミンテルン執行委員会幹部会員を務め、その後、中国の延安で活動をしていた。

戦後は、衆参両議院議員、日本共産党中央委員会議長などを歴任。スターリンの弾圧から逃れるため同志であった山本懸蔵らをスパイだと虚偽告発して銃殺刑に追いやったことや、終戦後に延安からモスクワに行き、ソ連情報機関の内通者となり、資金も受け取っていたことがソ連崩壊後に発覚し、平成四年（一九九二年）に党を除名された。

野坂が除名処分を受けた中央委員会総会には、私も出席していた。昨日までは日本共産党を代表する指導者だった野坂を除名するわけだから、重苦しい雰囲気に包まれた会議であった。野坂の罪状が読み上げられた後、「何か意見はありますか」と議長席から問われた野坂は、ただひとこと「ありましぇん」（野坂は山口県萩の出身であった）と述べただけで、車いすに乗って退場していった。

その直後、宮本顕治中央委員会議長（当時）から、野坂について縷々《るる》話があったのだが、要するにもともと酷い男だったという話であった。

例えば、野坂といえば、現在の憲法が制定される際の吉田茂首相との論争が有名だが、それについて「野坂は憲法について深い理解があったわけではない。われわれがあの論争の準備をした」という趣旨の話であるとか、ＧＨＱが日本共産党中央委員全員の公職追放を決めたあと、徳田や野坂らは地下に潜る方針を決めていたが、宮本顕治らにはこのことを隠して、「この夏は氷屋でもやって過ごすか」などと不誠実な対応を取ったことが憎々しげに語られたのである。

こうしたことは、その後出版された党史『日本共産党の七十年』（新日本出版社）にも書かれている。私の正直な感想としては、「そんな批判するような人物をなぜそれまで幹部にしてきたのか」ということだった。

私は野坂との関係では、苦笑を禁じ得ない思い出がある。

かつて野坂は、東京一区から衆議院議員に選出されていた。私も当時、東京一区の衆議院議員候補であり、三回目の立候補の準備をしていた。すでに二回落選しているので、次回の選挙で当選できなければ候補者を降りようと考えていた。

もはや背水の陣、事務所で話し合った結果、選挙用パンフレットに東京一区の大先輩の野坂を担ぎ出すことになった。

野坂が牛ステーキが好きだと知り、高級肉を土産に家に行き、プロの写真家に何百枚も写真を撮ってもらった。だが、その直後に野坂が党を除名され、その写真を使うことなく、私は三度目の落選をしたのである。

コミンフォルムによる武装闘争路線の押し付け

コミンフォルムによる日本共産党批判は、表面上は野坂の平和革命論を批判するものであったが、本当の狙いは武装闘争路線の日本共産党への押し付けだった。

このお先棒を担いだのがスターリンや中国共産党の意のままになった徳田球一や野坂参三らである。昭和二五年（一九五〇年）六月、GHQから公職追放を受けた徳田、野坂らは地下潜伏後、八月から九月にかけて中国に亡命。そして、ソ連共産党や中国共産党の援助によって「北京機関」を結成し、武力闘争方針の日本への持ち込みを本格的に開始したのである。

その具体化が昭和二六年（一九五一年）一〇月の第五回全国協議会（五全協《ごぜんきょう》）で採択された「綱領――日本共産党の当面の要求」である（現在、日本共産党は、五全協は徳田、野坂らによる規約違反の正しくない会議であったとして、従来の「五一年綱領」という言い方ではなく、「五一年文書」と呼称している。しかし、文書本体は「綱領」と明記されているだけでなく、当時、多くの党員がこの綱領に基づいて活動してきた）。

解体、分裂状態だった日本共産党を「統一回復」するこの綱領では、「新しい民族解放民主政府が、妨害なしに、平和的な方法で、自然に生まれると考えたり、あるいは、反動的な吉田政府が、新しい民主政府にじぶんの地位を譲るために、抵抗しないで、みずから進んで政権を投げだすと考えるのは、重大な誤りである」、「日本の解放と民主的変革を、平和の手段によって達成しうると考えるのはまちがいである」と規定していた。

そして、同時に「軍事方針」なるものを五全協は採択している。

「占領制度を除き、吉田政府を倒す闘いには、敵の武装力から味方を守り、敵を倒す手段が必要である。この手段は、われわれが軍事組織をつくり武装し、行動する以外にない」

「軍事組織の最も、初歩的な、また基本的なものは、現在では中核自衛隊である」

「工場や農村での抵抗自衛隊による抵抗自衛闘争は、軍事問題を発展させる当面の環である」

「われわれの軍事的な目的は、労働者と農民のパルチザン部隊の総反攻と、これと結合した、労働者階級の武装蜂起によって、敵の兵力を打ち倒すことである」

「大衆闘争の発展と軍事的勝利の蓄積ののちには、山岳地帯に根拠地をつくることができるだろう」

要は、農村部でのゲリラ戦など、中国革命方式の武装闘争を行うことを規定しているのだ。ちなみに「中核自衛隊」なるものは、現在の自衛隊とはまったく無関係である。

毛沢東の意向に屈した当時の日本共産党

これらの文書は、「内外評論」「球根栽培法」などの非合法雑誌に掲載された。この軍事方針に基づき山村工作隊や中核自衛隊が各地、各大学などで組織され、火炎ビン闘争などが行われたのである。

この武装闘争路線は、先に取り上げた「劉少奇テーゼ」と瓜二つのものであった。「劉少奇テーゼ」では、「共産党に指導されて、敵とよく戦うことのできる、強力な民族解放軍とこの軍隊の活動の拠り所とする根拠地を建設しなければならないとともに、敵の支配地域の大衆闘争とこの武装闘争を結びつけなければならない」とか、「われわれ革命家は白色テロ（権力側によるテロ）の支配する都市で、帝国主義とその手先から追放されて、まったく根を下ろすことができなかった。われわれ革命家は、やむを得ず、農村や山間にのがれ、武装によって自己の生存をまもらなければならなかった。だが、このような武装自衛闘争が、もし、単純な防衛だけであったならば、それはかならず、帝国主義とその手先によって消滅させられてしまったであろう。（中略）だから、われわれは、農村の農民やその他の帝国主義に反対するすべての人民と密接に結びついて、あらゆる可能な方法によって帝国主義とその手先の数知れない包囲攻撃を打ち破らなければならなかった。つまり正規の革命軍を組織して帝国主義とその手先の軍隊に撃滅を与えなければばならなかった」などとしている。

つまり、農村から都市を包囲することを基本とする人民戦争方式である。

同じく武装闘争を訴える「五一年綱領」も、今から思えば馬鹿らしい方針だが、当時はこれに真面目に取り組み、青春をかけていった党員が少なからずいたのだ。

この当時、すでにコミンテルンは解散していた。しかし、ソ連共産党やスターリン、中国革命に成功した毛沢東らの意向に簡単に屈し、言いなりになっていたのが日本共産党の当時の実態であったということができる。

日本共産党は、この誤りは徳田・野坂分派が行ったものであり、日本共産党はその後継ぎではない、などと開き直っている。だが野坂は、この後も党の中枢に座り続け、火炎瓶闘争などに走った少なくない党員が、その後も日本共産党員としての活動を継続していた。これをなかったことにして、現在の共産党と無縁などという態度をとることは、それこそ歴史の改ざんである。

「共産党は怖い」というイメージのはじまり

スターリンや中国共産党に押し付けられた武装革命方針が、国民に支持されなかったことは言うまでもない。それどころか、総選挙での日本共産党の得票が激減し、大打撃をこうむることになった。

昭和二四年（一九四九年）の選挙では約二九八万四千票だったものが、昭和二七年（一九五二年）の選挙では約八九万六千票、さらに翌年の選挙では約六五万五千票と、八割近くも得票を減らしたのである。

「共産党は暴力革命を目指している」、「共産党は怖い」ということだけが、国民の心に深く刻印された。日本共産党は、この軍事方針を「極左冒険主義」として総括している。『日本共産党の七十年』では、この武装闘争方針について、「『軍事方針』もスターリンが朝鮮戦争の『勝利』の展望とむすびつけて問題提起し、それにもとづいてつくられた」とさらっと指摘しているが、要するにアメリカ軍に対する後方攪乱戦術だったということであり、朝鮮戦争への実質的な参戦だったという見方も可能である。

スターリンの承認のもとに北朝鮮が南進を開始して朝鮮戦争が始まったのが昭和二五年（一九五〇年）六月であり、スターリンが準備した日本共産党の軍事方針が決定されたのが、その八カ月後の昭和二六年（一九五一年）二月であった。見事に時期が符合しているといえる。

また昭和二五年八月には、日本駐留の米軍が朝鮮戦争に出兵するその補完として、マッカーサーの指令によって、自衛隊の前身となる警察予備隊が創設されている。

文革と武装闘争路線の日本への〝輸出〟

平成一〇年（一九九八年）六月、日本共産党と中国共産党は、実に三二年ぶりに関係を正常化した。昭和四一年（一九六六年）以来、日中両共産党は関係を断絶していたのである。断絶の最大の理由は、毛沢東による日本の革命運動への暴力革命唯一論、人民戦争万能論の押し付けにあった。

当時の世界で最大の焦点となっていたのは、アメリカのベトナム戦争である。世界中でベトナムの「民族解放闘争」を支援する動きが強まっていた中、日本共産党もそれが国際共産主義運動の重要な課題だと位置付けていた。

しかし当時は、ソ連共産党と中国共産党は激しく対立し、国際共産主義運動に大きな亀裂が入っていた。

対立のきっかけは、昭和三七年（一九六二年）のキューバ危機の際、ソ連のフルシチョフ首相がケネディ米大統領の海上封鎖作戦に屈服したことにあった。これを契機に、フルシチョフはアメリカとの「平和共存」路線にのめりこみ、ケネディを「平和の政治家」「理性派の代表」などと持ち上げるようになっていったのである。

例えば、ソ連共産党中央委員会が日本共産党中央委員会に宛てた昭和三九年（一九六四年）四月一八日付書簡では、次のように述べていた。

「いまでは情勢は根本的に変化しました。ソ連国民のなみなみならぬ努力の結果、世界でもっとも恐るべき核兵器がつくられました。帝国主義者は『力の立場』にたつ政策を実施する物質的基盤を失ってしまいました」「われわれの階級敵の陣営内では、もし帝国主義の気ちがいどもが世界戦争をはじめるならば、資本主義は一掃され、ほうむり去られるという真理を、ますますはっきりと理解するようになっています。まさに、このために、帝国主義者は諸国間の平和共存をうけいれることをよぎなくされているのです」

現実はどうだったか。この書簡の直後の昭和四〇年（一九六五年）二月、前年のケネディ暗殺を受けて大統領になったジョンソン政権の下でアメリカは、北ベトナムへの大規模な空爆（北爆）を開始し、数十万の地上軍を南ベトナムに投入、戦争を拡大させていった。集落の焼き払いや枯葉剤の使用など、残虐な作戦も採られたのである。

日本共産党は、ソ連共産党やフルシチョフによる「平和共存」路線を現代修正主義として厳しく批判したが、中国共産党もソ連共産党批判を強めていた。

中でも昭和四〇年一一月一一日付の「人民日報」「紅旗」両編集部の共同論文「ソ連共産党指導部のいわゆる『共同行動』を反ばくする」では、ベトナム支援でのソ連との共同行動は、「ベトナム人民の革命事業を売り渡すことになる」と最大級の非難を行っている。

日本共産党は「宮本修正主義集団」？

こうした中で日本共産党は、昭和四一年（一九六六年）二月から三月にかけてベトナム、中国、北朝鮮に宮本顕治書記長を団長とする代表団を派遣した。

二番目の訪問先である中国で、劉少奇、鄧小平ら中国共産党と最初の会談を行った際、中国側はアメリカとソ連を共同の敵とする立場を強調した。しかし、北ベトナムを訪問し、ソ連の北ベトナム支援の実態を掴んでいた日本共産党代表団は、ソ連をアメリカと同列に置く中国の立場とは異なっていたため、意見は一致しなかった。

二回目の会談は、周恩来と行われた。ソ連の名指し批判を避け、ベトナム侵略と空爆の即時中止など、一致したことだけを共同コミュニケ（合意事項などを記録した外交文書）にすることになった。周恩来も共同コミュニケの積極的意義を強調していた。

その後、代表団は帰国前の三月二八日、上海にいる毛沢東を儀礼的に訪問した。ところが、毛沢東は周恩来との間で一致した共同コミュニケについて、ソ連を名指しで批判していないことを非難し、修正案を提起してきたのである。

その内容は、コミュニケを毛沢東路線支持声明に変質させるものであった。日本共産党代表団は、毛沢東の主張を拒否。こうして、毛沢東の横やりによって共同コミュニケは破棄されることになった。

この会談の席上で毛沢東は、「北京の連中は軟弱だ」と非難し、まさにこの三月二八日から「資本主義復活の道を歩む実権派打倒」の文化大革命を開始したのである。

文化大革命の狂気は、世界的なベストセラーとなったユン・チアンの『ワイルド・スワン』でも克明に描かれたが、毛沢東、宮本顕治会談の決裂以降の毛沢東派による日本共産党攻撃もまた異常なものであった。

毛沢東らは、代表団が日本に帰国後、彼らに従わなかった日本共産党を「宮本修正主義集団」と規定し、日本の革命運動や平和運動に自分たちの路線を押し付けようとする大規模な攻勢を開始したのである。この中で毛沢東派が強調したのが、日本の革命運動が中国式の人民戦争万能論の立場に立つこと、毛沢東神格化に賛成すること、そして毛沢東思想の絶対化を受け入れることであった。

昭和四一年（一九六六年）六月一日付「人民日報」は、「毛沢東思想は世界人民の革命の灯台」と題して、「われわれの偉大な指導者毛主席は……全世界すべての革命的人民の心の太陽である」、「毛主席が全世界の革命的人民の間でこうした高い威信をもっているのは、毛主席がマルクス・レーニン主義を天才的、創造的、全面的、完全、系統的に発展させたからである」などと、中国らしい自画自賛を大仰に喧伝し、毛沢東思想を全世界の革命運動に押し付けようと図っていた。

同六月一六日付「人民日報」に至っては、「毛主席の言葉は、ひとことひとことすべてが真理である。……したがって、毛主席の指示は、理解していても、理解していなくても実行しなければならない。われわれは毛沢東思想の絶対的権威を打ち立てなければならない。これは……われわれの最高の規律である」とまで述べていた。

何とも馬鹿げた話の究極ともいうべき記事だが、これが当時の真実である。

共産党による共産党つぶし

実際に毛沢東の影響は日本共産党内のみならず、日本の各層に大きな否定的影響を与えていくことになる。日本共産党について言えば、同党中央委員会に籍を置いていた西沢隆二、安斎庫治らが毛沢東派に同調。西沢は徳田球一の娘婿であり、北京機関に籍を置いていたこともあって、中国共産党指導部と深い関係にあった。

また、同党山口県委員会の一部党員も毛沢東路線にのめり込み、日本共産党攻撃を始めた。彼らは、「毛沢東思想研究」なる雑誌を発行し、毛沢東の神格化を図り、日本共産党は「フハイとダラクが全身をむしばんで」いるとか、「日本共産党内部でも紅衛兵運動をまき起こすことです」などと、毛沢東の「造反有理《ぞうはんゆうり》」（「謀反には道理がある」という意味。文化大革命で紅衛兵や労働者が、劉少奇の支配下に置かれた党や政府機関に対する奪権闘争の中で使ったスローガン）そのままに日本共産党への破壊攻撃を行った。

彼らは、「暴力革命は、プロレタリア革命の普遍的な法則であるから、まだ権力をとっていない共産党にとっては革命の客観的条件が存在している国では暴力革命を行なって権力を奪い取るべきであり、日本のように、まだその客観的条件が成熟していない国では、暴力革命の思想的、政治的、組織的準備を行なうべきである」（「毛沢東思想研究」一九六六年三月号）とか、「一切の議会主義的幻想を一掃し、労働者階級をプロレタリアート独裁の思想でしっかりと武装し、大衆闘争を徹底的に発展させることによってのみ、日本革命がなし得る……。とくに労働者のゼネストを背景にした広範な日本人民の武装蜂起によってのみ達成できる」（「解放戦線」一九六六年二月）などと、毛沢東思想受け売りの武装闘争を呼びかけていた。

これに対し、例えば昭和四二年（一九六七年）六月一六日付「人民日報」は、西沢隆二らの行動を支持するとともに、「この謀反は素晴らしいものだ」と題する「国際評論」なるものを掲げ、日本共産党の政治方針を「反マルクス・レーニン主義、反革命、反人民、反中国の修正主義路線」と非難した上で、西沢らを「真のマルクス・レーニン主義者、真のプロレタリア革命戦士」と称えた。

そして、この章の最初でも触れたように、六月二四日の北京放送で、アメリカ帝国主義、日本反動派（佐藤内閣）、ソ連修正主義集団と並んで宮本修正主義集団を挙げ、「中日両国人民の共同の敵」と断定し、「四つの敵」の一つに数え入れたほどである。

毛沢東らが支配的影響力を及ぼそうとしたのは、日本共産党に対してだけではない。彼らは日本国内のさまざまな運動や日中貿易にまで触手を伸ばした。

例えば、日中友好協会、日本ジャーナリスト会議、日本アジア・アフリカ連帯会議などの組織に対しても毛沢東路線の支持、日本共産党への敵対を求めた。

また、実利をエサに、日中貿易の関係者に日本共産党との闘争に参加することを強要し、それに積極的な貿易団体だけを相手にするという卑劣なことまで行ったのである。

これに対して、経済団体は実利のために中国共産党に無節操に迎合していった。

共産党が、共産党をつぶしにかかるというのだから、異常というしかなかった。だが、それが毛沢東という人物だったのである。

毛沢東思想が新左翼に与えた悪影響

日本共産党が武力闘争路線に反対する中で、毛沢東らは日本の新左翼や日本共産党と敵対することを売りにした左翼との結び付きを強めていった。

昭和四二年（一九六七年）六月一八日付「人民日報」は、「中傷によって戦士の名誉を汚すことはできない」という評論を掲載し、「樺美智子《かんば》は日本の反動派に殺害されたが、彼女はいまなお日本人民の心のなかに生きている。それにしても憤慨に堪えないのは、ひとにぎりの日本共産党修正主義分子が、意識的に事実をねじまげて再三流言飛語《りゅうげんひご》を飛ばしているとして、昭和三五年（一九六〇年）の安保闘争時に全学連を牛耳っていた共産主義者同盟（ブント）同盟員で、国会に突入し死亡した樺美智子を、英雄として持ち上げたのである。

当時、全学連指導部は「共産主義者同盟（ブント）」が実権を握っており、樺美智子もそのメンバーであった。日本共産党は彼らを極左冒険主義の「トロツキスト集団」と批判していた。

トロツキーはロシア革命の指導者であったが、党内闘争に敗れて国外追放になった人物だ。スターリンは、自らへの反対者などをトロツキーの名を取って「トロツキスト」と呼び、弾圧していった。これが世界の共産党に広がり、共産党に反対する共産主義者などをトロツキストと呼んだ。共産党側からの蔑称である。

当時、共産党は「わが党は、かねてから岸内閣と警察の挑発と凶暴な弾圧を予想して、このような全学連指導部の冒険主義をくりかえし批判してきた」として、官憲と共に全学連側の行動も非難している。

ブントはその後分裂し、現在の中核派や革マル派を結成するが、この中には、反スターリンという立場からトロツキーを信奉する者もいた。その後、共産党は意味が曖昧な「トロツキスト」という用語は使用せず、「ニセ『左翼』暴力集団」と呼ぶようになった。「真正の左翼は日本共産党だけ」というニュアンスが含意されている。

私が入党した昭和四二年（一九六七年）当時は、「トロツキスト」という用語が多用されていた。トロツキーの論文を読んだこともなく、トロツキーがどういう人物だったかも何も知らずに、新左翼のことを「あれはトロだから」などと、まるで寿司屋のネタのように言っていた。実に幼稚なもので、「真正」の共産主義であれ、「ニセ」の共産主義であれ、所詮は「革命ごっこ」のようなものでしかなかったと、今しみじみ思う。

ブントは日本共産党の武装闘争方針の総括などに不満を抱く学生たちが昭和三三年(一九五八年)に結成した新左翼の走りで、その後過激派の中核派と革マル派に分裂する革命的共産主義同盟を結成することになるメンバーもいた。

安保闘争時の全学連委員長であった唐牛健太郎らは、戦前に共産党から転向した右翼の田中清玄と密接なつながりを持ち、資金援助を受け、戦術指導まで受けていたことを証言している(昭和三八年二月二六日、TBSラジオ報道番組)。

社会党の一部からも毛沢東追従派が生まれた。社会党衆議院議員だった黒田寿男らがそうで、「日中友好協会正統本部」なるものをつくり、毛沢東盲従の拠点とした。

また、連合赤軍のもととなった京浜安保共闘の指導的人物は毛沢東路線に心酔していたし、その京浜安保共闘がつくった中京安保共闘は、「日中友好協会正統本部」の愛知県組織のメンバーでもあった。連合赤軍が「毛沢東思想で武装された軍隊」だと自称していたように、毛沢東の人民戦争方式を真似たものである。

昭和四五年（一九七〇年）三月の赤軍派を名乗る人物による「よど号」ハイジャック事件に対しても、周恩来が「素晴らしいことです」と称賛した。さらに、毛沢東思想の影響下で起こったといえるのが、昭和四七年（一九七二年）の連合赤軍による浅間山荘事件や仲間内の虐殺事件である。

毛沢東思想が、日本の多くの分野にどれほど否定的な影響を与えたかは自明であろう。

毛沢東におもねった社会党、応援したマスコミ

そもそも毛沢東が始めた「文化大革命」なるものは、権力闘争の一環であって毛沢東神格化による無条件服従と専制支配体制をつくるものであった。これが中国共産党と中国国民にもどれほど甚大な被害を与えたかは、今日では明白である。

これに対し、当時の日本の政党やマスコミはどういう態度を取ったのか。

まず社会党。彼らは毛沢東派が称《たた》える三派全学連や革マル系全学連などの過激派集団を「同盟軍」と位置付け、彼らの無法を助長する役割を果たした。

昭和四五年（一九七〇年）一〇月に同党の成田知巳委員長が訪中した際には、「米日反動派とその追随者」、「米帝国主義とその仲間、手先、共犯者」に反対するとして、中国共産党の「四つの敵」論を無批判に受け入れる共同声明を発表し、その中で「文化大革命」に「深い敬意を表明」すると明記するなど、毛沢東らにおもねる態度に終始している。

公明党は、昭和四六年（一九七一年）六月に竹入義勝委員長が訪中した際、「偉大なる毛沢東主席の指導のもとに、偉大なる国家の建設を目のあたりに見、……まことに深くいたく感銘を受けました」とあいさつしている。

当時の民社党向井長年選対委員長も「毛沢東思想に基づいて、新しい国の建設をめざし、国民挙げての生産に従事している」などと称賛していた（『民社党』七一年一一月号）。

では、マスコミはどうか。昭和四二年（一九六七年）八月一一日付「朝日新聞」の社説を見てみよう。

「〈文革の積極的な意義〉とはいえ、われわれは、文化大革命が投げかけている積極的な意義をも、無視するわけにはいかない。（中略）この運動では、権力機構の根本的な改革とともに〝革命的社会主義人間像〟の形成が追求されている」

「従来の社会主義理論に対して、新たな問題を提起しているといえる」

「こんどの文化大革命では、党員はみずから考え、絶対に盲従すべきでないと強調される。組織論の面でも、文化大革命は問題を提出しているわけである」

「文化大革命を、わが国政党にみられるような、政策論争をともなわない派閥争い的な意味での権力闘争とみる考えかたには、われわれは組みしがたい」

「中国がいま進めている文化大革命は、近代化をより進めるための模索ともいえよう。とすれば、文化大革命は、いまだに近代化への道を捜しあぐねている国々に、一つの近代化方式を提起し挑んでいるともいえる」

呆れるほかない。ただただ毛沢東の言いなりになり、青少年を破壊と殺人に向かわせ、近代化を著しく妨害した文化大革命を、朝日新聞はこれほど絶賛していたのである。

「読売新聞」も同様だ。中国が大混乱に陥り、もはや文化大革命が毛沢東の権力闘争であったことが明白になっていた昭和四五年（一九七〇年）一〇月二日付社説「毛沢東思想で貫かれた中国」で次のように述べている。

「文革が開始されたころ〝先破後立〟というスローガンがかかげられた。（中略）文革では劉少奇派を党内から一掃することが〝先破〟で、この目的を達成するためには紅衛兵の行き過ぎやそれによって起こる混乱もやむをえないというのが、毛主席のやり方である。行き過ぎや混乱をおそれては大革新はやれないという考え方であろう。（中略）昨年四月に九全大会が開かれ、（中略）〝先破〟から〝後立〟の段階に移行してきたわけである。〝後立〟の段階の特色を一言でいえば、全党、全中国の毛沢東化である」

「党活動が軌道に乗り、大きなエネルギーを有効に発動させるためには、なんといっても党中央の指示を大衆の中にもちこんで、大衆を自発的に積極的に中央の指示にそって動かしうるようなすぐれた末端幹部が必要である。（中略）国づくりとはこういう人づくりのことである」

まさに文化大革命の応援団である。これが当時の政党やマスコミの状態であった。

日中国交正常化交渉の裏で

中国共産党指導部は昭和四七年（一九七二年）のニクソン米大統領の訪中と前後して、その国際路線を大きく変化させていった。

文化大革命での失脚から返り咲いた鄧小平らは、それまでの「反米反ソ」の立場から、世界を超大国、大国、発展途上国の三つに分類する「三つの世界」論を掲げ、超大国の中でも後発のソ連がより危険だとする立場を表明した。つまり「ソ連主敵」論である。

こうしたことから、アメリカはもちろん、それまで「日本反動派」としてきた自民党や日本財界との協調関係を模索し始めたのである。周恩来などは、それまでの態度を豹変させて、「日本にとって日米安保条約は、非常に大事です。堅持するのが当然」（昭和四八年〈一九七三年〉一月）とまで言い切っている。

この中国側の変化に呼応して、田中角栄首相も日中国交正常化交渉（昭和四七年〈一九七二年〉九月）における周恩来との会談で、「日本共産党とは手を握らないでほしい」と要望していた事実も確認されている。これは、日本への内政干渉を中国に要請するだけでなく、中国に「借り」をつくるものであり、自主性を欠いた最悪の外交交渉であった。すでにこの辺りから風下に立つ対中外交がはじまっているのである。

その一方で、中国共産党は毛沢東思想を掲げる日本労働党〈昭和四九年〈一九七四年〉一月結成〉や「文化大革命」時代に関係を結んだ日本の毛沢東主義者らとの緊密な関係を継続している。

その後、昭和五一年（一九七六年）には周恩来、毛沢東の「革命の元勲」が立て続けにこの世を去り、事実上文化大革命は終結、鄧小平が党と軍を掌握することになる。

昭和六〇年（一九八五年）九月になって、日中両共産党が会談を行ったが、この際、中国側が謝罪したのは「文化大革命」当時、北京に駐在していた日本共産党の代表や「赤旗」特派員への紅衛兵による暴行事件のみだった。しかも、武力闘争を掲げる日本の毛沢東主義者とは引き続き関係を継続するというものであったため、結局、決裂することになった。

内政の相互不干渉を謳った日中平和条約に違反するような行為を平気で繰り返してきた中国共産党も中国共産党だが、こうした中国の裏面を知りながら国交を正常化し、何の抗議もしてこなかった日本も日本であった。

ソ連の脅威を言う者はいても、中国を批判する声はほとんどなかった。中国の脅威が増大している今日、その理由・経過は徹底的に検証されなければならないだろう。今、沖縄が混乱している淵源の一つはここである。

日本においては、毛沢東思想を掲げた運動は、国民の支持を得られず四分五裂した。国際的にも同様で、毛沢東思想を掲げたインドネシア共産党、フィリピン共産党、カンボジアのポル・ポト派と、いずれもみじめな結末を迎えることとなった。

社会主義、共産主義の思想もまた世界中で同じ運命をたどるが、見え始めていた末路を恐れた中国共産党が行ったのが「天安門事件」である。

平成元年（一九八九年）六月、天安門広場に集まって非暴力で民主化を訴えた学生や市民に対し、装甲車部隊などによる無差別発砲で、多数の死傷者を出した。

これも「鉄砲から政権が生まれる」を地でいったものである。

平成一四年（二〇〇二年）八月二六～三〇日まで五日間、私は不破哲三議長に随行して北京を訪れた。

連日、党幹部や政府幹部との会談が行われたが、その相手は中国共産党の外交面の責任者である戴秉国《たいへいこく》中央対外連絡部（中連部）部長、社会科学院の李慎明副院長、中央組織部李景田副部長、唐家璇《とうかせん》外相、江沢民総書記、李鉄映政治局委員・社会科学院院長、閣僚でもある趙啓正新聞弁公室主任、王家瑞中連部副部長であった。

この中でいくつか面白い出来事があった。李慎明社会科学院副院長との会談の際、李氏から「不破さんが中国を訪問されたのは、いつですか」という質問があった。「一九六六年です」と不破氏が答えると、「すると、『文革』の前ですかあとですか」と李氏が聞くので、不破氏は、「『文革』の真っ最中、いや、『文革』が私たちの目の前で始まった、といった方がよいかもしれません」と答えた。それに対し、「それはどういうことですか」と質問があり、そのいきさつを不破氏が語ったのである。

当時、不破氏は宮本書記長に随行して中国を訪問していた。「文革」では政治局員で北京市長だった彭真《ほうしん》が真っ先に紅衛兵からの打倒の対象とされたが、その運命を知らない彭真は代表団の前に嬉々として現れ、「いま自分たちは、『資本主義の道を歩む実権派』との闘いに全力をあげている」などと熱弁を振るったという。

　また、日本共産党代表団と毛沢東の会談が決裂したのは六六年三月二八日だが、この同じ日に、毛沢東は政治局員候補・書記局員だった康生《こうせい》に対して、「閻魔殿を打ち倒して、小鬼を解放しよう。地方はうんと孫悟空を送り出し、天宮を騒がすべきだ」と指示していた。「天宮」とは、北京の党指導部のことであり、「孫悟空」とは紅衛兵のことである（不破哲三著『北京の五日間』新日本出版社）。

　すでに三六年前のことなので、同席した社会科学院や中国共産党中連部の若い人たちが興味津々で聞いていたことをよく覚えている。

　また、唐家璇外相との会談でも、唐外相が「臥薪嘗胆《がしんしょうたん》」という言葉を使う興味深い発言があった。不破氏は『北京の五日間』の中で、次のように述べている。

「中国の古代の呉・越の戦い（前五世紀）のなかから、〝臥薪嘗胆〟の歴史を引いたことは、深い印象を刻むものだった。〝臥薪嘗胆〟とは、戦いに敗れて父を失った呉の太子・夫差《ふさ》が、毎夜薪《たきぎ》の上に寝て再起を誓い、その夫差に敗れて会稽《かいけい》で降伏した越王勾践《こうせん》が、今度は、いつも苦い肝《きも》を身近において、これを嘗《な》め、ついに呉を打ち破って『会稽の恥』をそそいだという、春秋時代の故事から来た言葉である。唐外相が、『二千年のあいだには情勢は変わった。中国と越との国際的地位には雲泥《うんでい》の差がある』と断りながらも、あえてこの故事を引いたのは、平和をまもるために必要とあれば、たえがたいことでも、がまんすべき時がある、という意味だったと思う」

〝知的エリート〟の二人が「越」を現在のベトナムと誤解しているのも不勉強極まりないが、同席していた私は、まったく違った意味で受け取った。臥薪嘗胆とは、ひとことでいえば復讐のために耐え忍ぶ、ということであり、不破氏が言うような「平和をまもるために」「たえがたいことでも、がまん」するというような意味では使わない。

この当時、ブッシュ大統領のもとでアメリカの一国主義的行動や「悪の枢軸」論が国際的に大問題になっていた。日本の自民党政府は、このブッシュ戦略に追随するばかりである。こうした状況に臨み、「今に見ておれ」というのが、唐外相の本意だったのではないだろうか。

現に、その後の中国の軍拡や覇権主義的行動を見れば、まさに臥薪嘗胆を実践しているかのようである。

またある会談の席では、日本の国旗・日の丸と中国の国旗・五星紅旗が交差して立てられていた。二国間の国際会議では普通の光景であり、歓迎の意味であるのは明白だった。だが、日の丸を国旗にするのを反対したのは日本共産党である。中国側が嫌味でこんなことをしたわけではなく、そのことをまったく知らなかったのだ。

また、李鉄映政治局委員との会談では、李氏が「先日、延安《えんあん》に行ってきました。延安には『日本人反戦同盟』の活動家たちを記念する碑があります。その指導者が岡野進、つまり野坂参三さんでした」と得々と語り始めたのである。

李氏は、日本共産党側が喜ぶだろうと思ってこの話をしたのだが、この時すでに野坂参三は日本共産党から除名され〝大悪人〟になっていた。われわれからの説明を聞いた時の李氏の困惑顔が今でも印象に残っている。

最後に、もう一つこぼれ話を記しておく。五日間の北京滞在中に、半日だけ公式日程が入ってない日があった。その日の過ごし方について中国の中連部から「周恩来記念館に行かないか」という提案があった。

周恩来は、中国の人々には英雄であったとしても、日本共産党にとっては、毛沢東らとともに、日本共産党にさまざまな干渉をしてきた張本人の一人である。いってみれば不倶戴天《ふぐたいてん》の敵なのである。その記念館に行くわけがない。不破氏が「問題にならない」という風情で断ったのをよく記憶している。若い中連部のメンバーは、日本共産党と中国共産党が大喧嘩していた歴史を知らないのである。日本共産党にさしたる興味もないことが、はしなくも露呈したものであった。

第三章　中国と日本共産党

日本共産党の「野党外交」の背後に中国

平成一〇年（一九九八年）、日本共産党と中国共産党は、毛沢東の干渉以来、断絶していた関係をついに正常化した。「中国側が『文化大革命』以降、内部問題相互不干渉の原則とあいいれないやり方をとったことを真剣に総括し是正をおこなったこと、これによって、両党間に存在した歴史問題が基本的に解決した」（『日本共産党の八十年』日本共産党中央委員会出版局）からであった。

これ以降、不破哲三氏や志位和夫氏らが、「野党外交」なるものを頻繁に行うようになる。例えば、不破がマレーシア、シンガポール、ベトナム、香港、チュニジアなどを訪問すれば、志位氏は韓国、インド、スリランカ、パキスタンを訪問するというように。

不破氏が、平成一一年九月にマレーシアなどを訪問した後、私にしみじみ語ってくれた。「中国と関係を正常化してよかった。中国と関係正常化した日本共産党というだけで、相手国の対応が変わってくる。各国の政府関係者がきちんと対応してくれる」

これまで日本共産党の国際活動といえば、ほとんどが外国の共産党との関係であった。

不破氏も「東南アジア諸国というのは非常に重要なのに、私たちは、各国の政権と接触したのはアキノ革命以後のフィリピンくらいで、あとは党としてはいわば〝空白〟なんですよ」（CS放送・朝日ニュースター「各党はいま」）と語っているように、社会主義国以外の政権との関係は皆無といってよいほどだった。

不破氏によれば、マレーシアで政府側の誰が出てくるのか、まったくわからずに「当たって砕けろ」で訪問したそうである。

ところが現地に行ってみると、マハティール首相の提唱でつくられた戦略国際問題研究所の所長が、翌日には外務官僚のトップが会ってくれたという。

「外務省トップの方が私を最初に呼んだ呼び名は、『日本共産党中央委員会幹部会委員長の、そして衆議院議員の不破哲三閣下』（笑い）――閣下というのは公的な呼称らしいのですが――『を団長とする日本共産党代表団を、マレーシア外務省を代表して歓迎します』、つまり、共産党を認めていない国で、外国の共産党代表団をそういうかたちで歓迎する、こういう対話がすぐ始まりました」（平成一一年一〇月七日、日本武道館での演説）と嬉々として語っている。この後の感想が、先の「正常化してよかった」という発言である。正直に言うと、この時、私はやや危うさを感じた。なぜなら〝ここまで中国共産党との関係正常化を評価してよいのか、中国はいつもわれわれが支持できるような行動をするわけではないのに〟と思ったからである。

北朝鮮工作船自沈事件で中国に媚びる

平成一三年（二〇〇一年）一二月、「九州南西海域工作船事件」が発生した。

東シナ海の日本の排他的経済水域（ＥＥＺ）で、海上保安庁（海保）の巡視船が漁船のような外観の国籍不明船を発見、無許可で漁業を行っていた恐れがあることから事実確認のために停船命令を発して、立ち入り検査を試みた。しかし、不審船はこれを無視して逃走したのである。

このため、海保側は漁業法違反（立入検査忌避）容疑で強制捜査を行うために上空や海面への威嚇射撃を行った。だが、なおも不審船が逃走を続けたため、警告を発した後に警察官職務執行法を準用した海上保安庁法に基づいて、機関砲による船体砲撃を行ったのだ。

海保の巡視船が不審船に強行接舷を試みたところ、乗員が巡視船に対して突如として小火器や携行式ロケット砲による攻撃を開始した。これを受けて巡視船側も正当防衛射撃で応射し、激しい銃撃戦が繰り広げられることになる。その結果、不審船は爆発し、沈没してしまった。沈没場所は、中国の排他的経済水域であった。

その後、不審船は引き揚げられて、北朝鮮の工作船であること、自沈したことが判明。また、以前に覚せい剤の密売を行っていた船舶であることも明らかになる。

当時、共産党の政策委員長だった私は、この事件をどう見るかについて政策委員会で検討し、海上保安庁の対応は間違っていなかったという結論を出した。それを常任幹部会の席上で発言したところ、不破氏と志位氏から「相手の船を沈めてしまってよかったと言うのか」、「中国はやりすぎだと批判している」と反撃をくらってしまった。

私は、〝海上保安庁もやるじゃないか。もし海保の側がやられていたら、海上自衛隊の出動という議論になってしまう〟と、むしろそちらのことを恐れていたのだ。

不破、志位両氏が反対したのでは、政策委員会の意見は通らない。両氏の意向に沿った「『不審船』問題についての日本共産党の見解と提案」（平成一四年一月二八日）をまとめたが、いま改めて読んでも説得力に欠ける。

これには後日談がある。この「見解と提案」は中国大使館にも届けられ、西山登紀子参議院議員（当時）が張恒一等書記官に手渡し、その内容を説明したそうである。その時、中国が「やりすぎ」とか「重大な懸念」と言っていることを慮《おもんぱか》った西山議員は、「中国の排他的経済水域内で沈没した経緯からも、中国の懸念は当然だ。日本政府は、今回の事件を利用して、有事法制をすすめようとしている。侵略戦争を反省すべき日本は、周辺国に特別の配慮と自制が必要である」という趣旨の発言をしたという。完全に中国に媚びへつらっているのがわかる。

日中両党関係が断絶していた時期なら、まったく違った態度を取っていたのではないだろうか。少なくとも、議員が中国大使館にお伺いに行くことはなかったであろう。

チュニジア、パキスタン共に日本共産党訪問後、政権が崩壊

平成一五年（二〇〇三年）七月、不破氏はチュニジアの政権党・立憲民主連合から党大会への招待を受け、チュニジアを訪問している。

ベンアリは昭和六二年（一九八七年）、『建国の父』といわれたブルギバから首相に任命されたが、「首相就任の一ヵ月後に、『執務不能』という医師の診断書をブルギバ大統領につきつけて『終身』大統領の退陣を実現したのが一九八七年、それによってベンアリ大統領を中心とする現体制が実現したのである。八七年のこの政変は、論者によっては『無血革命』とも呼ばれるが、公式にも、国と党を破滅から救った歴史的な『改革』と位置づけられている」（不破哲三著『チュニジアの七日間』新日本出版社）と、不破氏はベンアリの行動を肯定的に評価している。

また立憲民主連合の党大会で、ベンアリが「民族と国家の主権の尊重、内部問題不干渉、国際的合法性と国連憲章にもとづく国家間の紛争の解決」、「中東問題では、独立国家の樹立をめざすパレスチナ人民への支持」、「イラクの主権尊重、領土保全の維持」な

どの外交路線を語ったことについて、「わが党の立場との多くの接近点、共通点があった」（同前）と不破氏は語っている。

このきれいごとを羅列しただけの内容なら、ほとんどどの党、どの国でも共通点があるのは一緒だと思うのだが。

ベンヤヒア外相との会談では、「私たちの交流は、これまでは東京での外交に限られていたが、今回の訪問でいよいよ本格的な関係が始まった」と述べている。

ところがベンアリ政権は、不破氏の期待も虚しく、平成二二年（二〇一〇年）末頃より高い失業率や物価の高騰などを背景とした国民の不満がデモとなって噴き出し、次期大統領選挙への不出馬、総選挙前倒しを表明し事態を収拾しようと試みたが失敗し、ベンアリはサウジアラビアに亡命してしまう。その後、チュニジアでは公金横領、麻薬・武器の不法所持、殺人など九三にも及ぶ容疑で起訴され、本人欠席の裁判で有罪判決を受けている。

また、一連の反政府運動においてデモ鎮圧を軍に命じ、参加者を多数死亡させた容疑に関しては、終身刑判決が言い渡された。二三年にも及ぶ事実上の一党独裁を行ってきたのだから、当然の末路といえるだろう。

これが、不破氏の自慢する、中国の力を背景とした「野党外交」の実態である。

しかし、志位氏も負けてはいない。志位氏がパキスタンを訪問したのは平成一八年（二〇〇六年）九月。志位氏によれば、「パキスタン国家、政府、国民にとっての賓客」だったそうである。

当時のパキスタンはムシャラフ政権であった。ムシャラフは、陸軍参謀総長、統合参謀本部委員会議長であり、無血クーデターで政権を握った人物である。

志位氏の得意満面の報告を見てみよう（平成一八年九月二九日付「赤旗」）。

「私たちの代表団が、実際にパキスタンを訪問してみますと、パキスタン政府の側は、まさに『ステート・ゲスト』にふさわしい応対ぶりでありました。

私たちのパキスタンでの行動には、パキスタン政府が全責任を負い、実に心配りのきいた応対をしてくれました。私たちがイスラマバード空港に着いてみますと、パキスタン外務省の東アジア・太平洋局長のイフテカール・アジズ氏が、出迎えに来てくれ、さっそく私たちと、深夜の空港でしたが意見交換が始まりました」

「パキスタン政府は、私たち代表団の車両での移動、宿舎の手配、そして警護についても、すべてに責任を持って丁重な応対をしてくれました。パキスタンは、テロとのたたかいのいわば『最前線』に立たされている国です。要人を狙ったテロやホテルの爆破テロなどもあり、懸命にテロ根絶のために努力している国であります。私たちへの警護も、たいへんに重視されていました」

「九月十七日はタキシラ遺跡（ガンダーラ地方最大の古代都市遺跡）の視察、十八日はアジズ首相との会談、十九日は上下両院議長との会談、上下両院外交委員長との会談、上院議長主催の歓迎昼食会、上院外交委員長主催の歓迎晩餐《ばんさん》会、二十日は巨大地震の被災地であるバタグラムの視察という日程でした。こうした日程が、事前にパキスタン政府から大使館経由で提案され、こちらも同意して決まっており、その通りに進行するというのも、私たちにとって初めての経験でした」

中身は何もない。ただ賓客として厚遇されたことがうれしくて仕方がないということだ。不破氏も「閣下」と呼ばれて大喜びしていたが、二人とも特別扱いが大好きなのである。

だが、翌年一〇月の大統領選挙でムシャラフは圧倒的多数の票を得たが、陸軍参謀総長の大統領選挙出馬は違憲だという訴訟が係争中だったため、当選決定が大幅に遅れてしまう。ムシャラフは当選無効判決を阻止すべく、軍を動員して最高裁判所を封鎖するとともに、彼に否定的だった最高裁長官を解任し、自宅軟禁した。また、全土に非常事態宣言を発し、憲法を停止して戒厳状態に置いたのである。

その後、陸軍参謀総長の大統領選挙出馬訴訟は合憲と確定したことを受け、選挙管理委員会はムシャラフ当選を正式発表することになった。

しかし、パキスタン議会下院で反ムシャラフが多数を占めたことから、大統領辞任に追い込まれ、イギリスで事実上の亡命生活を一三年まで送ることになる。

これが、志位氏の大いに自慢したパキスタン訪問の結末である。不安定な政権は、日本共産党の訪問を警戒した方がよい。チュニジア、パキスタンの二の舞にならないために。

世界も呆れる、根拠のない中国の拡大主義

平成二六年（二〇一四年）一月、南シナ海における中国とベトナムの紛争について、ベトナム外交学院南シナ海研究所副所長のグエン・フン・ソン博士の話を聞く機会があった。博士の話は大変有意義で、感動的なものであった。

博士は、「ベトナムは絶対に中国の圧力に屈しない。絶対に戦いを止めない。いま融和的な姿勢をとれば、中国はますます増長する。中国に抗議するためあらゆる平和的措置をとる」と明言。そして、中国の蛮行と無法を、以下に述べるように鋭く告発した。

周知のように、中国は同年五月二日、ベトナムが自国の排他的経済水域だと主張している海域で一方的に海洋掘削リグを設置し、掘削作業を開始した。

この海域はベトナムの排他的経済水域と大陸棚にある。当然、ベトナム政府はただちに海上警備の船舶などを派遣し、中国側に掘削の中止を要求した。だが中国側は艦隊や軍用機まで配備して、ベトナムの船舶を排除しながら掘削を強行してきた。

中国側は軍の配備を「海洋掘削リグをエスコートするため」と釈明したが、一四〇隻

もの軍艦などをエスコートさせる必要はない。それどころか、ベトナムの民間船に衝突などを繰り返して沈没させるだけでなく、救出の妨害活動まで繰り返し行ってきた。その結果、ベトナム船は三六隻が破壊され、一二人のベトナム人が負傷したという。

ベトナム国民が激怒するのも当然で、各地で反中デモが発生、中国系工場が放火された。ベトナムは国際世論の支持を取り付け、東南アジア諸国は対中不信を高めていった。

南シナ海のほとんどを自国の領海だとする中国の主張は、国際法上、何の根拠もない。ベトナムやフィリピンなどの東南アジア諸国にとっては受け入れがたいものである。

一九四〇年代に、当時の国民党政権は歴史的に中国の支配が及んでいたとされる「領域」を九つの断線（一定間隔で隙間を作った線）で示し、南シナ海の大半の領有宣言をした。中国はこの「九断線」に基づいて南シナ海の領有権を主張している（台湾を取り囲む線を加えた十断線も公表している）。

平成二六年（二〇一四年）六月、中国の国家地図が横型から縦型のものに変更された。これには、東シナ海、尖閣諸島、南シナ海、スプラトリー諸島、パラセル諸島、スカボロー礁などが中国領土として明確に表記されている。その海洋面積は東シナ海、南シナ海の90%に及ぶものとなっている。華春瑩《かしゅんえい》・中国外交部報道官は、「南シナ海が中国の領土だという立場は変わらない。今回の地図発行は、これを大衆に知らせるのが目的」と強調したという。

このような中国の動きに対し、フィリピンやベトナムが激しく反対しただけではない。世界がこの拡張主義に呆れ果て、厳しく非難している。

スペインのEFE通信は六月二六日、「地図は中国政府がよく使う政治的武器の一つだ」と報じ、インドネシアのコンパス紙は六月二七日付社説で、「フィリピンの強硬な反発は当然だろう。なぜなら、新たな地図では南シナ海が明らかに中国領土に含まれており、中国政府はこれまで主張してきた『九断線』に新たなラインを一つ加えているからだ」と批判した。

フランスのル・モンド紙は、「中国は国際法を無視して、あらゆる手段や陰謀を利用し軍事力を行使して、小国を侵略し、自らの要求を強制した」と分析、イギリスのロイター通信は、「この新たな一歩が、アジア地域諸国は平和を望んでいるという中国の構想であるとはとても信頼できない」と伝えた。米国防総省も、東シナ海や南シナ海で「力による現状変更」を進める中国に対し、年次報告書で「（中国が、米国の同盟国を含む周辺国との）摩擦を増加させている」などと明記し、その行動を厳しく批判してきた。

このような国際社会からの反発は、中国にとって想定外であった。

なぜ中国は見誤ったのか。グエン博士によると理由は二つある。一つは、アメリカがウクライナやイラク、イスラエルとパレスチナなどへの対応に追われ、関心は薄いだろうと思っていたこと。もう一つは、ＡＳＥＡＮ諸国の結束を見誤ったことだという。

いずれにしろ、国際法に何ら根拠を持たず、中国自身がその根拠を説明できないような地図を作製し、それによって行動し、国民を教育するなどという言語道断な行為を国際社会は断じて容認してはならない。

なぜ日本共産党はベトナムの正義の闘いを支持しないのか

グエン博士が、この間のＡＳＥＡＮ諸国の変化を強調していたことにも注目したい。

ＡＳＥＡＮ諸国は、平成二六年（二〇一四年）五月一〇日に開いた外相会議の緊急声明

「深刻な懸念」を表明した。シンガポールのシャンムガム外相は「(外相会議で) 声明を出せなければ、ＡＳＥＡＮ諸国の信用は大きく傷つく」と発言している。

翌一一日、ミャンマーの首都ネピドーで開かれたＡＳＥＡＮ首脳会議では、ベトナムのズン首相が「(南シナ海のベトナム沖での) 中国の石油掘削作業は領海侵犯であり、明確な違法行為だ」と強い調子で中国を非難し、「ＡＳＥＡＮ諸国の結束が試されている」、「(中国の) 暴挙に抗議する声をあげてもらいたい」などと訴えた。

それを受けて、インドネシアやマレーシアなども中国を批判したという。インドネシア大統領府によると、ユドヨノ大統領は「我々は南シナ海問題に (ベトナムなどと) 同じように関与する」と言明した。

グエン博士によれば、中国はＡＳＥＡＮ諸国に対して、現状維持ではなく、中国支配の地域秩序形成に積極的に乗り出しているという。現に、南シナ海進出は徐々に南下し、現在はマレーシア近くのフィリピン領マビニ環礁などに人工島を構築し、いずれ滑走路を建設しようと目論んでいる。

また、中国は経済力を安全保障上の武器としているため、ＡＳＥＡＮ諸国は経済面での中国依存度を減らしていく必要があるとグエン博士が強調したのも、大いに頷ける。

ＡＳＥＡＮ諸国は、国によって温度差はもちろんあるが、南シナ海での中国の拡張主義に警戒を強め、中国から徐々に距離を置く兆しを見せ始めている。

ＡＳＥＡＮ諸国が結束すれば、中国は恐れるに足りない。この流れは当該国はもちろんのこと、アジアの平和にとっても大いに歓迎すべきことである。

東シナ海、南シナ海での法の支配を確立するため行動規範をつくることが、アジア全体に強く求められている。ベトナムもこの点を強く望んでいる。そのためにもベトナムの防衛能力の向上が不可欠だというのが、ベトナムの立場である。

ところが、ベトナムの船艇は小型ばかりで、海上警備の船舶も中国によって約半分が被害を受けているという。また、中国に不意を突かれないための監視活動も強化しなければならない。さらには、こうしたハード面だけでなく、空中、海上、水中の三方面での防衛能力のソフト面での強化を図る必要にも迫られているのである。

そのために必要となるのが、日本の力だ。日本とＡＳＥＡＮ諸国の国防相会議などで、日本との連携を強化し、海洋安全保障の確立、経済安全保障の確立が重要——。これが、グエン博士が最後に強調した日本への切なる期待である。

日本では、安倍政権になって、防衛装備の移転問題や集団的自衛権に関して、これまでの政策が変更された。この点の活用も含めて、ベトナムをはじめとするＡＳＥＡＮ諸国との連携をますます強めていかなければならない。

先にグエン博士による「ベトナムは屈しない」というベトナムの決意を紹介したが、ベトナムはもともと領土や領海の侵犯に容易に屈する国ではない。

中国に対しては言うまでもなく、かつてはフランスの植民地支配やアメリカによる過酷な軍事攻撃にも勇敢に立ち向かってきた国だ。これからも中国の無法に断固として闘ってもらいたいし、日本もこの闘いを全力で応援しなければならない。

問題は、日本共産党である。中国共産党と断絶していた時代なら、この中国の無法を厳しく断罪したはずだ。だが中国共産党との関係が正常化した今、口をつぐんでいる。

ベトナムの現状をふまえ、その要請に応えて、日本がベトナムの防衛能力向上のためにハード、ソフト両面で協力することに、日本共産党は反対するのだろうか。

ベトナム戦争以来、ベトナム共産党と日本共産党は良好な関係を築いてきた。ベトナム戦争でも最大限の支援をしてきた。中国の横暴と戦うベトナムを今こそ支援すべきではないのか。それができないようなら、覇権主義、領土拡張主義を批判することも、ご都合主義だということになる。これは、チベットやウイグルについても同様である。

チベットやウイグルの現状は、民族自決権の侵害そのものである。

日本共産党は、民族自決権の尊重を強く主張してきた。それは正しいことである。だが、日本共産党はこの重要問題について、なぜ語ろうとしないのか。

チュニジアやパキスタンに行くのも良いが、チベットやウイグルに行くことこそ、「野党外交」にふさわしいのではないだろうか。

第四章　韓国と日本共産党

朴正熙時代はまともな国として認めていなかった

私が日本共産党に入党した当時、韓国の政権は、現在の大統領である朴槿恵《パククネ》の父である朴正熙《パクチョンヒ》であった。朴正熙は、昭和三六年（一九六一年）に軍部が起こした軍事クーデターの中心人物で、その後、大統領に就任した。朴政権は、反共産主義、親米政策、腐敗と旧悪の一掃、経済再建などを掲げていた。クーデター直後には反共法も制定している。

当時の日本共産党の「赤旗」や雑誌などでは、韓国の朴政権をまともな政権として認めておらず、すべてカギかっこ付きで「韓国」、「日『韓』関係」あるいは「南朝鮮」、国名なしで「朴政権」などと表記していたものである。朝鮮半島の唯一合法政府は北朝鮮、すなわち朝鮮民主主義人民共和国だけというのが、日本共産党の立場だったのである。

一例を示しておこう。昭和五二年（一九七七年）六月二四日、日本共産党国会議員団が「金大中事件徹底究明での日本共産党の申し入れ書」というのを発表している。時の福田赳夫首相と衆参両院議長に申し入れたものである。

金大中事件とは、昭和四八年（一九七三年）八月八日、韓国野党の有力政治家で大統領候補でもあった金大中《キムデジュン》氏が、白昼堂々東京のホテルから拉致されたという衝撃的な事件であった。これが韓国中央情報部（ＫＣＩＡ）の計画的、組織的犯行であることは、当時から明白だった。

この申し入れ文書を見ると、「金大中事件が『韓国』政府による主権侵害行為であることはいよいよ明白」、「金大中事件が（中略）日『韓』の反動勢力の協力のもとで遂行された疑惑」、「日『韓』閣僚会議」等々、韓国にはすべてカギかっこが付けられている。

私が当時書いた論稿でも、「ロッキードと日『韓』の黒い構図」などというのがある。軍事政権であれ、何であれ、一つの国に対してカギかっこを付けるというのは、ずいぶん失礼な話である。しかも、「『韓国』政府による主権侵害」などという表現は、今読んでみると自家撞着《じかどうちゃく》以外の何ものでもない。

朴正熙政権は、朴大統領が昭和五四年（一九七九年）一〇月二六日に暗殺されるまで、一六年以上続くことになる。この間の日本共産党の韓国に対する位置づけは、反共軍事独裁政権というものであった。朴正熙暗殺後、崔圭夏《チェギュハ》が大統領に就任するが、軍部の実権を握った全斗煥《チョンドゥファン》によって辞任に追い込まれ、その後、昭和五五年（一九八〇年）に全斗煥が大統領に就任する。

朴正熙以来、全斗煥、盧泰愚《ノテウ》と軍人出身の大統領が続くが、文民出身大統領が誕生したのは金泳三《キムヨンサム》が大統領になった平成五年（一九九三年）である。この頃から、日本共産党も韓国に対する見方を変えていくことになる。

朝鮮戦争は当初アメリカが仕掛けたものと規定

私が日本共産党に入党した頃は、国際共産主義運動とかプロレタリア国際主義などという言葉が、機関紙「赤旗」や月刊誌『前衛』（日本共産党中央委員会理論政治誌）などにあふれていた。前者は、世界の共産党や労働者党、つまりマルクス・レーニン主義を理論的基礎とする政党との共同の運動を言い表した言葉である。

プロレタリア国際主義とは、マルクスが「プロレタリアは祖国を持たず、失うものは鉄鎖《てっさ》のみ」と言ったことから生まれたもので、プロレタリアの利害は国境を越えて一致しており、資本主義社会を打倒し、共産主義社会の実現のために、全世界のプロレタリアは団結して戦わなければならないとする立場のことである。

ソ連共産党や中国共産党、あるいは朝鮮労働党など、世界の共産党、労働者党間ではたがいに「兄弟党」と呼んでいた。フルシチョフや毛沢東らを「同志」と呼んでいた。そしてマルクス・レーニン主義に立脚する政党は、平和、民主、進歩の立場に立つものとして、証明もなしに規定していた。

簡単にいえば、共産党は「悪いことはしない、正義の党」だということである。

そのため、朝鮮戦争が起こった際も、北からの侵攻などあり得ないと素直に思っていた。朝鮮戦争勃発から一〇年を経過した後でも、「アメリカ帝国主義は朝鮮にたいする侵略戦争をおこないながら、日本をかれらの世界支配の重要拠点としてかためるみちをすすんだ」（六一年綱領）と規定し、朝鮮戦争をアメリカが仕掛けた戦争だとしていた。

この綱領討議が行われた第七回党大会では、「綱領問題についての中央委員会の報告」（昭和三三年〈一九五八年〉七月二六日）を宮本顕治氏が行うが、その中でも次のように述べていた。
「朝鮮戦争はアメリカ帝国主義の戦争政策の産物であるとともに、アメリカの軍事ブロック政策の野望を発展させる手段となった。かれらは日本をその世界支配の一環に仕上げることを急いだ。朝鮮における侵略戦争の失敗、人民義勇軍の力に示された新中国の力に驚いたアメリカ帝国主義は、日本を単に前進基地、補給基地として利用しただけでなく、日本軍を再建させてこれを利用する方針をとった」

十数年前から不破哲三氏が「科学の目」という言葉を日本共産党内で盛んに強調している。日本共産党の行事である「赤旗まつり」では、同氏による「『科学の目』講座」まで開かれている。科学的社会主義を信奉する政党として、正しく日本や世界の動きを捉えるためには、科学的に物事を見なければならない——ということである。

どうしてこのようなことを言い始めたかといえば、ソ連や東欧の社会主義体制が崩壊し、中国やベトナムも資本主義の道を歩み、日本でも社会主義への道が遠ざかるばかりで、展望を喪失してしまっている党員を叱咤《しった》激励《げきれい》するためである。

そこで語られるのは、いかに日本共産党が正しい路線を歩んできたかという、これまでと何ら変わらぬ内容でしかない。そこに「科学の目」という冠を付けただけである。

「科学の目」で先を見通すどころか失敗ばかり

一例を紹介しておこう。これは平成二二年（二〇一〇年）一一月一二日付「赤旗」に掲載された「科学の目」講座の不破氏の話である。

「一つは、その社会で、社会発展や国民の生活を抑え込んでいる害悪の根源がどこにあるのかをつかむことです。同じ資本主義でも、その害悪の現れ方は国によって違い、時期によっても現れ方、働き方は違ってきます。そこをつかむことで『科学の目』となります」

どうということはない話である。続けて、「二つめは、その害悪を取り除こうとする勢力と、害悪に固執する支配勢力とのたたかいをつかむことです。害悪擁護派は、害悪を取り除こうとする変革派が力を増すと大攻勢をかけて後退させようとする。

しかし、元の害悪は変わっていないので新たな舞台でのたたかいが展開されるのが政治の歴史です」――これもどういうことはない。そして、「こうした社会・政治の変革に至るたたかいをマルクスが160年前に〝革命は結束した反革命を生み出し、それとたたかうことを通じて自分を成長させる〟と見事に表現し（中略）私たちはこれを『階級闘争の弁証法』とよんでいます」と展開する。

なぜ、ここでマルクスなのかがよくわからない。マルクスでなくとも反対する勢力が存在し、警戒を怠ってはならないことぐらい誰でも理解している。明治維新だって、反対する勢力は存在した。大塚家具でも激しい親娘のバトルが繰り広げられたではないか。こんなことは常識中の常識である。「勝って兜《かぶと》の緒を締めよ」ということわざもある。

だが、ここでマルクスを登場させることが重要なのだ。共産党員にとってマルクスは神のような存在だから権威付けができる。昔から共産党の幹部がよく使う手法である。

だが、そもそも設定が違う。マルクスは革命成功後のことを述べている。日本共産党がいつ革命に成功したのだろうか。いま地方選挙や国政選挙で日本共産党がやっていることは階級闘争なのだろうか。それも違うはずだ。選挙で「階級闘争を成功させよう」という共産党の宣伝など聞いたことがない。

若い党員は増えないし、「赤旗」の発行部数は減り続け、この三年ほどを除けば選挙も負け続き。社会主義日本の展望などまるっきり見えない中で、それでも「党員たちよ、がんばれ！　日本共産党はこんなに正しいのだから」ということを「科学の目」という言葉で装飾しているのに過ぎない。そして、上手くいかないのは「害悪擁護派」が悪いせいだと言っているだけなのである。「害悪擁護派」に勝つ方法を見つけてこその「科学の目」のはずだが……それはいまだに見つからないようだ。

だが、不破氏や共産党は安心だ。この講演に、次のような感想が寄せられたという。

「まるで見てきたかのように歴史を流れで掴むことができたのは、その時代を活動家として生きてきた不破さんの話だからこそだと思います」（滋賀・二四歳・女性）

「最近の選挙の動きに、いかに近視眼的に一喜一憂していたか。『革命的楽天主義』の言葉に元気を与えてもらいました」（栃木・七一歳・女性）

「マニフェスト選挙＝首相選択の選挙＝議員を選ぶ選挙の否定という構造の解明は新鮮だった」（新潟・六五歳・男性）

「四七年に入党し、六十年余をたたかってきた自分の人生を総括していただいた気持ち

で、深い感慨を覚えました」（千葉・八三歳・男性）

一時間程度の話で、しかも不破氏だけの話で「まるで見てきたかのように歴史の流れを掴むことができた」と言われたのでは、いきなり「科学の目」を否定しているようなものだが、「赤旗」は嬉しそうにこの感想を掲載した。

そもそも人間社会を科学的に分析することなどできるはずもない。なぜ彼は彼女が好きなのか？　理由はわからない。人の心は科学的に解明できない。

科学的社会主義を標榜し、「科学の目」で物事を見てきたはずの日本共産党が、どれほど先の見通しを誤り、失敗を繰り返してきたことだろうか。

百八十度変化した朝鮮戦争への評価

話が横道にそれたが、本題に戻す。日本共産党は「科学の目」で見ていたはずなのに、朝鮮戦争も百八十度評価を変えている。

朝鮮戦争について、『日本共産党の七十年』は、先の綱領報告とは、まったく違った評価をしている。

「一九五〇年六月二十五日、朝鮮を南北に分断する三十八度線で大規模な軍事衝突がおき、全面的な内戦がはじまった」

「この内戦は、実際には、スターリンの承認のもとに北朝鮮の計画的な軍事行動によってはじめられたものであった。北朝鮮の軍隊は、南朝鮮軍の不意をついて急速に進撃し、（中略）朝鮮半島の東南端の一角（釜山、大邱、浦項をふくむ）をのぞき半島全域を占領するにいたった。

国連安保理事会は、六月二十七日（朝鮮では二十八日）、アメリカ軍を中心とする『国連軍』派遣を決定して、朝鮮の内戦に軍事介入し、今日にいたる南北分断を固定化する役割をはたした。中国も九月にはいって、『義勇軍』の名で北朝鮮を支援して内戦に介入し、ソ連軍もひそかに関与した」

この時点で、朝鮮戦争がアメリカの仕掛けた戦争ではなかったと認識したわけである。だが相変わらず中途半端で、どこにも北朝鮮批判はない。

先の報告では、「中国の人民義勇軍」を天まで持ち上げていたのに、後の党史ではわざわざ義勇軍にカギかっこを付けている。義勇などではないということを含意させたかったのであろう。

国連軍にもカギかっこが付いている。日本共産党は「カギかっこ」が大好きである。素直に認めたくない時などに、これを多用してきた。最近の日本共産党の文書はあまり知らないが、曖昧さを残すことになるこの手法は、もうやめたほうがよい。

また、この戦争がはたして内戦といえるのだろうか。「赤旗」平壌特派員だった萩原遼氏の著作『朝鮮戦争――金日成とマッカーサーの陰謀』（文藝春秋）は、次のようにその内幕を暴露している。

「南朝鮮に反動勢力がいるかぎり朝鮮にはすぐに独立をあたえない、あたえれば朝鮮はふたたび極東における戦争の火種となる、朝鮮が真に民主主義的国家になることはソ連にとって死活的利害をもっている――。

昭和二一年（一九四六年）六月三日付のソ連共産党機関紙プラウダの論説はこうのべていたのである。

朝鮮をソ連にとって安心できる国につくりかえること、つまりソ連の衛星国にするまでは独立はあたえない、というのがかれらの占領政策の本音であったのだ。北朝鮮民衆の不幸のはじまりであった」

同書では、金日成が四九年にモスクワを訪問してスターリンと会い、南への侵攻について承認を得ていたことや、中華人民共和国を成立させた中国共産党と人民解放軍が南朝鮮を武装闘争によって解放することを煽っていたことも詳述されている。

こうして朝鮮戦争の真相を知ったことも、日本共産党の南北朝鮮に対する見方を変える一因になったのではないかと思う。

帝国主義の脅威から独立を守るために富国強兵を

日本共産党が、創立当初から日本の帝国主義的政策と行動に反対してきたことは事実である。『日本共産党の七十年』によれば、創立翌年の大正一二年（一九二三年）にコミンテルンの指導によって最初の綱領草案が作成される。そこには、「外国にたいするあらゆる干渉企図の中止、朝鮮、中国、台湾、樺太からの軍隊の完全撤退を要求した。（中略）日本帝国主義のロシア革命と中国革命への干渉戦争に反対し、日本帝国主義の植民地であった朝鮮、台湾の解放の旗を敢然とかかげた」とある。

だが、当時の世界はどうなっていたのか。まさに帝国主義の時代である。東アジアで独立国といえたのは日本だけという状況であった。

例えば、江戸時代末期のイギリスと清《しん》国との貿易関係を見ると、イギリスの主要商品は毛織物などの高級品であり、清国は生糸や茶などの必需品だった。これではどうしてもイギリスの輸入超過になり、貿易赤字が発生してしまう。これを埋めるためにイギリスは当時植民地であったインドで栽培したアヘンを清国に輸出し、これを社会に蔓延《まんえん》させた。その結果、清国から大量の銀が流出し、アヘンの害毒に多くの人々が蝕《むしば》まれていったのである。

これに危機感を持った清国政府がアヘンの輸入を禁止し、密貿易の取り締まりを強化したのは当然のことだった。ところが、アヘン密輸によって莫大な利益を得ていたイギリスは、武力でアヘン密輸の維持と沿岸都市での治外法権獲得を図るため、一八四〇年、中国沿岸部に侵攻し、いわゆる阿片戦争を開始する。イギリスの身勝手極まる戦争であった。

この戦争は二年で終わり、圧倒的な武力の差により敗れた清国は南京条約と虎門寨追《こもんさい》加条約を締結させられた。その主な内容は、香港島の割譲や上海などの港の開港、領事裁判権の承認、関税自主権の喪失、片務的最恵国待遇の承認などである。

その後、一八四四年にはフランスと黄埔《こうほ》条約を、アメリカと望厦《ぼうか》条約を締結させられていく。こうして清国は欧米帝国主義列強の食い物にされていったのである。

当時の清国はアジアで最も大国であった。朝鮮をはじめ周辺の国々はその威光にひれ伏していた。その清国がイギリスに簡単に敗北してしまったのである。

この結果は、隣国・日本にも大きな衝撃を与えた。しかも、日本沿岸にペリー率いる黒船が来航し、開国を迫ってくるようになった。

当時のアジアでは、ベトナム、フィリピン、マレーシア、インドネシア、ラオス、カンボジア、ビルマ(現ミャンマー)、パキスタン、インド、バングラデシュが、イギリス、フランス、アメリカなどの植民地にされていた。弱肉強食の帝国主義が世界を覆《おお》っていたのである。

日本が徳川幕藩体制を終わらせ、明治維新という革命によって近代化の道を選択したのは、この帝国主義の脅威から日本の独立を守るためであった。明治政府が、富国強兵、殖産興業を国策として推し進めたのも当然のことであったといえよう。

群馬県富岡市には世界文化遺産となった富岡製糸工場が、岩手県釜石市には官営製鉄所などが造られていった。工業の近代化だけではなく、独立を維持するためには、軍事力の強化も不可欠であったため徴兵制度も採用された。これらは帝国主義が最も盛んな時代において、必然的な方向であったといわなければならない。

明治四四年（一九一一年）、辛亥《しんがい》革命の指導者で清朝を倒した孫文は、「明治維新は中国革命の第一歩」と語ったそうだが、さすがの歴史認識といえる。一方、当時の李王朝朝鮮は清国の冊封《さくほう》体制下に置かれて、こうした世界の動きにまったく鈍感であった。

そんな中で起こったのが日清戦争である。

日本帝国主義が朝鮮を必要とした理由

明治二七年（一八九四年）、朝鮮国内の混乱を契機にして朝鮮に出兵した日清両国が、朝鮮の支配権をめぐって日清戦争を開始した。近代化された日本軍は、近代軍としての体をなしていなかった清国軍に対し勝利を収める。

翌年四月一七日には、下関で日清講和条約が調印され、日本は清から領土（遼東半島・台湾・澎湖《ほうこ》列島）と多額の賠償金などを得ることになった。しかし、ロシア、ドイツ、フランスなどの列強は、日本が遼東半島の割譲を要求していることを知り、衝撃を受ける。なぜなら、これら帝国主義列強は清国の分割支配を目論んでいたにもかかわらず、イギリスが香港を手に入れている以外、凋落《ちょうらく》した清から領土を奪えずにいたからだ。

遼東半島の日本への割譲は、列強の対清政策の根底を揺るがすものとなったため、露・独・仏三国は日本に対して、清への遼東半島返還を要求した。いわゆる「三国干渉」である。

清国に勝利したとはいえ、まだ弱体な軍事力と経済力しか持たない日本にとって、これら列強の干渉に逆らうことは出来ず、結局、遼東半島を返還するしかなかった。

三国干渉で最も熱心に動いたのがロシアだった。ロシアは、地政学的見地から、ヨーロッパでも、極東でも、年間を通して凍ることない不凍港を必要としていたからである。

一八五三年には、黒海から地中海への航路確保を狙ってオスマン帝国やイギリス、フランスを相手にクリミア戦争を戦い、一八六〇年には、中国の太平天国の乱やアロー号事件などに乗じてウラジオストックを獲得、明治八年（一八七五年）には、千島樺太交換条約によって樺太を獲得していた。ロシアは、遼東半島を日本に奪われることで南満州の海への出口を失うことを恐れていたのである。

ヨーロッパ諸国もロシアの南下政策を脅威としていたが、それは日本も同様であった。ロシアの脅威に対抗するためにも、満州や朝鮮半島を自らの勢力圏に組み込んでいくことを必要としたのである。

日露戦争によって朝鮮半島を得た日本

どの国もが帝国主義的思惑で清国や朝鮮を見据えていた時代だった。

日清戦争で勝利を収めた日本は、清国に朝鮮が独立国であることを認めさせ、清朝との冊封体制を崩壊させた。これによって、明治三〇年(一八九七年)大韓帝国が誕生し、日本も朝鮮半島への影響力を拡大させていったのである。

だが、満州を勢力下においたロシアも朝鮮半島に持つ利権を手がかりに南下政策を進めていた。鉱山の採掘権や朝鮮北部の森林伐採権、関税権などを取得し、朝鮮半島での影響力を拡大させていたのである。

さらにロシアは、日本が手放した遼東半島の南端に位置する旅順、大連を租借し、旅順に太平洋艦隊の基地を建設するなど、満州への進出を強化していった。

明治三三年(一九〇〇年)には、義和団の乱(義和団と称する宗教的秘密結社による武力的排外運動であったが、西太后がこの反乱を支持して清国が欧米列国に宣戦布告したため、列強との戦争となった。だが、宣戦布告後二ヵ月も経たないうちに欧米列強国軍は首都北京及び紫禁城を制圧し、清朝は莫大な賠償金の支払いを余儀なくされた）の混乱収拾のため、ロシア軍は満州に侵攻し、全土を占領し、植民地化の既定事実化を図った。

しかし、日英米がこれに抗議し、撤退を約束させたが、約束は守られなかった。これに危機感を抱いたイギリスは、日本と日英同盟を結ぶことになる。

この間、日露交渉では、日本側は、朝鮮半島は日本、満州はロシアの支配下に置くという妥協案を提示したがロシアは受け入れず、朝鮮半島の北緯三九度以北を中立地帯とし、軍事目的での利用を禁止するという提案を出してきた。

この提案では日本海に突き出た朝鮮半島が事実上ロシアの支配下となり、日本の独立も危機的な状況になりかねないと判断し、日本は対露開戦へと傾いていく。この経過を見ても明らかなように、日露両国とも帝国主義国家として行動している。

明治三七年（一九〇四年）二月に開戦した日露戦争では、ロシア側の基地である旅順を攻略し、日本海海戦ではバルチック艦隊を壊滅状態に追い込むなどした結果、日本が勝利した。

戦後の講和条約であるポーツマス条約では、日本の朝鮮半島における優越権、樺太の北緯五〇度以南の日本への譲渡、旅順と長春の間の南満州鉄道の譲渡、遼東半島の租借権の日本への譲渡などが合意された。

日露戦争開戦前の大韓帝国では、日本派とロシア派での政争があったが、日露戦争中の明治三七年の第一次日韓協約締結により、大韓帝国の財政・外交に対し、日本が関与する立場となった。さらに日露戦争に日本が勝利し、ポーツマス条約で大韓帝国に対する日本の優越権がロシアから承認されることとなったのである。

しかし、この協約に不満を持った高宗（李氏朝鮮第二六代国主）が万国平和会議に密使を送っていたことが判明し、第三次日韓協約を結ぶことになる。この協約によって大韓帝国の外交権はほぼ日本に移されることになり、日本の被保護国となった。

さらに明治四三年（一九一〇年）日韓併合条約が締結され、大韓帝国は日本に併合されたのである。

興味深い、かつての韓国大統領の証言

朝鮮併合について、かつての韓国大統領の証言は興味深い。

全斗煥は、韓国の歴代大統領としては初めて、現在の韓国を含む朝鮮半島が日本の領土となったことは、自分の国（当時の大韓帝国）に責任があったと述べている。

昭和五六年（一九八一年）八月一五日の光復節記念式典の演説でも、「我々は国を失った民族の恥辱をめぐり、日本の帝国主義を責めるべきではなく、当時の情勢、国内的な団結、国力の弱さなど、我々自らの責任を厳しく自責する姿勢が必要である」と主張している。

翌年の光復節記念式典においても、反日感情が渦巻いていた韓国において、「異民族支配の苦痛と侮辱を再び経験しないため確実な保障は、我々を支配した国よりも暮らし易い国、より富強な国を作り上げる道しかあり得ない」と述べ、「克日」を強調している。

また、朴正煕は著書『国家・民族・私』で、次のような言葉を遺している。

「わが五千年の歴史は、一言でいって退嬰と粗雑と沈滞の連鎖史であった」

「（韓国社会は）姑息、怠惰、安逸、日和見主義に示される小児病的な封建社会の一つの縮図にすぎなかった」

「わが民族史を考察してみると情けないというほかない」

「われわれが真に一大民族の中興を期するなら、まずどんなことがあってもこの歴史を全体的に改新しなければならない。

このあらゆる悪の倉庫のようなわが歴史はむしろ燃やしてしかるべきである」

さらに著書『韓民族の進むべき道』で、李氏朝鮮について次の言葉を遺している。

「四色党争、事大主義、両班の安逸な無事主義的生活態度などによって後代の子孫に悪影響を及ぼした民族的犯罪史である」「今日のわれわれの生活が辛く困難にみちているのは、さながら李朝史［引用者注：韓国史］の悪遺産そのものである」「今日の若い世代は既成世代とともに先祖たちの足跡を怨めしい眼で振返り、軽蔑と憤怒をあわせて感じるのである」

このように、日本統治前の李氏王朝を手厳しく批判しているのである。

両班とは、李氏王朝時代に官僚機構・支配機構を担った身分階級であり、貴族階級に相当する。四色党争とは、限られた官吏のポストをめぐって両班が大きく四つに分裂して争った対立である。

イギリスの紀行作家イザベラ・バードは『朝鮮紀行』（講談社学術文庫）の中で、両班を厳しく批判している。要約すると以下のようである。「両班は究極に無能であり、その従者たちは金を払わず住民を脅して鶏や卵を奪っている」、「両班は公認の吸血鬼であり、ソウルには『盗む側』と『盗まれる側』の二つの身分しかない」。

また朝鮮の官僚については、「日本の発展に興味を持つ者も少数はいたものの、多くの者は搾取や不正利得ができなくなるという私利私欲のために改革に反対していた」、「堕落しきった朝鮮の官僚制度の浄化に日本は着手したが、それは困難きわまりなかった」というようなことが書かれている。

全斗煥も朴正熙も、日韓併合に至る韓国の歴史そのものを問題視していたわけである。

もちろん、他民族を支配下に置くという行為が、その民族の誇りを著しく傷つけるものであることは明らかであり、それを肯定することは誤りである。それは併合であれ、植民地支配であれ、変わりはない。

日韓基本条約と慰安婦問題

戦後、韓国と日本の関係を正常化するため昭和四〇年（一九六五年）六月二二日、日韓基本条約が締結、調印された。この条約によって、明治四三年（一九一〇年）に結ばれた韓国併合条約は無効であること、また韓国が朝鮮半島における唯一の合法政府であることを確認した。

またこれに付随する協約である「財産及び請求権に関する問題の解決並びに経済協力に関する日本国と大韓民国との間の協定」によって、韓国は日本への請求権を放棄すること（韓国国民ももちろん含まれている）、日本は朝鮮に投資した資本および日本人の個別財産のすべてを放棄するとともに、約一一億ドルの無償資金と借款の援助を行うことに合意した。当時の韓国の国家予算は三億五千万ドルだったというから、その約四倍近い巨額な資金供与、融資だったのである。当時の日本の外貨準備額は一八億ドル程度であり、日本にとっても大きな負担を伴うものであった。

現在、元慰安婦などから国家賠償請求などがなされている。しかし、これについては日韓基本条約の付随協約で、個別請求権の問題は、「完全かつ最終的に解決されたことを確認」しており、日本に賠償義務はない。

そもそも韓国が日韓正常化交渉中に主張した対日債権（韓国人となった朝鮮人の日本軍人軍属、官吏の未払い給与、恩給、その他接収財産など）に対して、日本政府は「韓国側からの徴用者名簿等の資料提出を条件に個別償還を行う」と提案したが、韓国政府は「個人への補償は韓国政府が行うので日本は韓国政府へ一括して支払って欲しい」と主張したとされている。

韓国の朴槿恵大統領は、口を開けば慰安婦問題で日本に文句をつけている。他に言うことはないのか、とほとほと呆れてしまう。慰安婦問題では、日本は、アジア女性基金をつくり、元慰安婦の方々に誠実に対応しようとしてきた。それを妨害してきたのは、日本の左翼的な人々であり、韓国の側ではないのか。韓国では、その最たるものが韓国挺身隊問題対策協議会（挺対協）である。

安秉直《アンビョンジク》ソウル大学名誉教授は、この韓国挺身隊問題対策協議会と三年間、慰安婦について共同調査を行ったが、慰安婦を強制動員した証拠はなく、元慰安婦とされる人たちの証言についての客観的な資料もなかったと述べている。また挺対協については、慰安婦の本質を把握し、現在の悲惨な慰安婦の状態を防止するための組織ではなかったとも述べた。

挺対協については、アジア女性基金理事の下村満子元朝日新聞編集委員の講演から実態が見えてくる（一水会機関紙「月刊レコンキスタ」平成二七年三月一日号掲載）。

「慰安婦の方々は韓国の団体・『挺対協』（韓国挺身隊問題対策協議会）に政治利用され、反日デモに参加させられる事が多かったのですが、今ではデモにかり出されるのは、戦争を知らない学生だけ―［引用者注：だと？］聞いています。

台湾でも同じ様に、元慰安婦の方々を囲い込んで抗日（反日）運動に利用している婦援会（台北市婦女救援社会福利事業基金会）という団体はあります。艇《ママ》対協も婦援会も元慰安婦の為に運動をしているのではなく、『反日』という自分達の目的の為に慰安婦問題を利用しているに過ぎません。

彼らの多くは戦争を経験しない戦後の世代で、米国留学をしたようなエリート達です。慰安婦のおばあさん達が、日本からの償い金を受け取りたいと言うと、『生活保護を取り消す』と脅迫します。メンバーには弁護士、学者、ジャーナリスト等がおり、政治的な影響力もある事から、韓国や台湾の政府も無視できない状況にあります」

慰安婦像を建てているのも、この挺対協である。私にはこの感覚がわからない。同様に、慰安婦問題でいかに日本軍や日本人が卑劣な軍隊であり、人間であったかを一生懸命立証しようとする、日本の国会議員の行動も理解できない。

像というのは、人為的に壊さない限り、何百年、いやそれ以上もつだろう。ということは、ほとんど未来永劫、この慰安婦像は立ち続けるのである。しかも、これを世界に拡散しようというのだから始末が悪い。要するに、将来にわたって歴史を捏造し続け日本を辱めるのが狙いである。大多数の日本人は、これに強い憤りを抱くだろう。そんなことをやって何になるのか。こんな行動からは、前向きなものは何も生まれない。

「河野談話」への評価を豹変させた日本共産党の姿勢

日本共産党にも、慰安婦問題が他の何よりも国政上の最重要課題であるかのようにいう女性議員がいた。私は元慰安婦の方に会ったことはないが、慰安婦の方々が悲惨な経験をしたことは間違いないだろう。そして癒しがたい傷を負った方も多いだろう。その方々に心を寄せることは大事だと思う。だが、それは植民地支配や侵略戦争が必然的に生み出したものだとして、かつての日本軍や日本人を悪者に仕立て上げることではない。

例えば平成二三年（二〇一一年）一二月二六日付「赤旗」の「主張」（社説にあたる）は、「旧日本軍の『慰安婦』問題は、当時の天皇制政府と日本軍が朝鮮半島などから多数の女性を動員し、『性奴隷』として『売春』を強制した、言語道断の戦争犯罪です。政府機関や植民地経営にあたった総督府、軍自身が組織的に女性を集め、『慰安所』の設置や管理にも関わるなど、国家機関と軍の関与は明らかです。日本が中国大陸からアジアに侵略を拡大するとともに各地に『慰安所』がつくられ（た）」と述べている。

要するに、「当時の天皇制政府と日本軍がやった侵略戦争が必然的につくりだしたものが慰安婦」だということであろう。ここには、「我々はあの戦争に反対した政党だ」ということが含意されている。要するに、自己宣伝なのである。

平成二五年（二〇一三年）八月一〇日、韓国の「ナヌムの家」設立二一周年・日本軍

「慰安婦」歴史館開館一五周年記念式典に寄せた志位委員長のメッセージでは、「世界でもアジアでも、日本の右傾化への懸念が強まっています。同時に日本国民のなかには、歴史をゆがめる逆流に対する、強い理性的批判の声が急速に広がっています。そのことは、先の参議院選挙で、この逆流と真正面から対決した私たち日本共産党が大きく躍進したことにも示されています」と述べられている。今日の問題まで、慰安婦問題にからめているのである。慰安婦問題を政治で弄《もてあそ》ぶものだと言わなければならない。

日本共産党は、「河野談話」（平成五年八月四日）への評価をこの間、一変させてきた。発表された当時は、「ここには重大ないくつかの問題がある」として、「第一に、……『強制的な状況』をいうなら、いかなる権力機関によってどのような状況のなかでおこなわれたのか、いっさいの事実が明らかにされなければなりません。……官房長官談話は、この点でも不十分です」「被害者や南朝鮮政府などから事実をつきつけられ、その一部を認めざるをえなくなっても、天皇政府・軍部による国家犯罪を執ように隠ぺいする政府の態度は基本的に変わっていない」などと批判していた。

それが平成二六年（二〇一四年）三月一五日付の「赤旗」では、「歴史の偽造は許されない――『河野談話』と日本軍『慰安婦』問題の真実」と題する三ページもの見解が掲載されている。ここでは「河野談話」を天まで持ち上げ、自民党安倍政権を徹底的に批判している。

「河野談話」が出た時には、それを「まだ不十分だ」と批判し、問題の解決を妨害する。その「河野談話」の見直し論が出てくると今度は態度を豹変させ、その「河野談話」に依拠して、「事実の徹底した解明、被害者にたいする公式の謝罪、その誤りを償う補償、将来にわたって誤りを繰り返さないための歴史教育など……を強く求めるものです」などと、これまで積み上げてきたことをまったく無視して、非現実的な要求を行うのである。

要するに、いつまでたっても〝これでは駄目だ〟と言っているだけのことである。こういう無責任な政党とその主張が、元慰安婦の方々を置き去りにし、アジア女性基金の活動などを妨害してきたのである。

慰安婦問題を解決する気などさらさらない。ただただ自分たちの正当化と自己宣伝、自民党批判の道具にしているだけなのである。

日韓基本条約と慰安婦問題

日本共産党や韓国政府は、慰安婦問題で謝罪し、賠償するのは当然だという態度を取り続け、アジア女性基金に反対している。しかし、これがはたして現実的な対応なのだろうか。本当に、元慰安婦の方々の意思に即しているのだろうか。

日本共産党が、日本政府が受け入れがたい韓国の朴槿恵政権の要求、否、それ以上の要求をするのは有害以外の何ものでもない。

前述の講演で下村氏は、アジア女性基金については次のように述べている。

「日本政府は『日韓基本条約で賠償問題は解決済み』という立場であり、『賠償』は国際法上取れない事を、韓国側も理解しています。しかし慰安婦問題が現代的な『女性の人権と尊厳の問題』として国際的にも注目され、道義的責任を取る必要が出てきました。そこで日本国民から一部、政府からも資金が出され、官民共同の基金として発足したのがアジア女性基金でした。

しかし、政府はどうしてもお金では渡せない、一人三百万円相当の医療・福祉事業として予算を出す、という方針でした」

「この官民一体の『曖昧』な財団がアジア女性基金の実態でした。これが『日本政府は自分の責任を放棄して民間に任せている』と韓国側には捉えられました。しかし基金設立は政府が提起した事であり、政府が主導したからこそ発足できたのです。

しかし、それでも私達は、誠実に、一銭のお金もいただかず、償い事業を続けました。私も海外に出かけたり、訪日した元慰安婦の方々に会い、話を聞き、償い金をお渡ししました」

「むしろそこから人間としての付き合いが始まります。何度も会う事になります。そうすると、ぽつりぽつりと話をしてくれます。挺対協に逆らうと何をされるかわからないから、こわい、東京での国際女性法廷にも無理やり連れてこられた、とか『日本から二千万円の国家賠償を取ってやるから、そんな端金は受け取るな』と日本の弁護士が話を持ちかけた事等、慰安婦問題の暗部が明らかになりました。

アジア女性基金では償い金を渡した慰安婦については公表していません。それはすぐに『犯人』探しが始まるからです」

「実際に売春婦であった人も中にはいましたし、日本兵と恋仲に落ちる方もいました。また、どこの誰ともしれない日本兵の子供を生んで育てた方もいました。全てが悲惨な話ではないですが、この軍が関与した一種の管理買春は、人権の侵害と女性の尊厳を傷つけたという観点から見れば、今の国際社会で批判されても仕方がないことで、正当化することは出来ません。慰安婦とは戦争が生んだ悲劇の一つと言えるでしょう」（一水会機関紙「月刊レコンキスタ」平成二七年三月一日号）

韓国の朴政権にしろ、日本共産党にしろ、結局は慰安婦問題を政治に利用しているということだ。「償い金」をもらえば、反日ではないということで「犯人」扱いされるような状況が、まともでないことは明白である。

韓国軍はベトナムで何をやったか

『週刊文春』の平成二七年（二〇一五年）四月二日号に、韓国の朴政権に打撃を与える記事が掲載された。「韓国軍にベトナム人慰安婦がいた！――米機密公文書が暴く朴槿恵の〝急所〟」と題する論稿である。ＴＢＳワシントン支局長山口敬之氏がアメリカの公文書館などを取材して書いたものである。

現大統領の父、朴正熙大統領は、昭和三六年（一九六一年）一一月に訪米した際、当時のケネディ大統領に、ベトナム戦争への韓国軍の派兵を提案している。ケネディ暗殺後の昭和三九年（一九六四年）九月、ジョンソン大統領の要請により派兵が開始された。

山口氏の論稿によれば、「（朴大統領は）ベトナム戦争を復興に向けた千載一遇のチャンスと位置づけた。粘り強い交渉の結果、アメリカ政府から派兵規模に応じた補助金支給と、対米移民枠の設定を勝ち取り、六五年から本格的に韓国軍を投入。南側では米軍に次ぐ勢力となる延べ三十一万人の韓国兵がベトナムに渡った」という。

山口氏は、全米各地に点在しているベトナム戦争時の韓国軍の公文書を収集し、読み込む作業を続けた。「最初に集中的に読み込んだのは、ホワイトハウスや国務省等の外交文書」だったそうだが、「そこから判明したのは、当時のアメリカ政府がベトナムにおける韓国兵の行状に、相当手を焼いていたという事だった」、「韓国兵蛮行の記録は、本格派兵直後の六五年から始まっていた。戦地での市民の虐殺、強姦から、サイゴンなどの都市部での為替偽造、物資の横流し、麻薬密売に至るまで、ありとあらゆる犯罪記録が大量に残されていた」そうである。

こうした地道な作業を続けていくうちに、山口氏は一通の書簡を発見する。「その書簡は、サイゴン（現ホーチミン市）のアメリカ軍司令部から、同じくサイゴンの韓国軍司令部に送られたものだった。宛先は、ベトナム駐留韓国軍最高司令官蔡命新（チェ・ミュンシン）将軍」だった。

書簡の主題は経済事件に関するものだったが、「一連の犯罪行為の舞台のうちの一つが、サイゴン市中心部にあったという『The Turkish Bath』（トルコ風呂）」であり、米軍とベトナム通関当局の共同家宅捜索の結果として、「『この施設は、韓国軍による、韓国兵専用の慰安所（Welfare Center）である』」と記してあった。山口氏は「驚いて何度も読み返したが、米軍司令部がこの施設を『韓国軍の韓国兵のための慰安所』であると捜査に基づいて断定している」という。

山口氏によれば、ベトナム駐留韓国軍最高司令官蔡命新は、「九四年に執筆した自叙伝『死線幾たび』の中で、朝鮮戦争当時韓国軍が慰安所を運営していた事実を認めている」そうである。さらに、山口氏は指摘する。

「朴槿恵大統領は、私の渡米後も、日本軍の慰安所について国際社会で厳しく糾弾し続けた。昨秋の国連総会では、世界に向けてこう演説した。『戦時の女性に対する性暴力は、時代、地域を問わず、明らかに人権と人道主義に反する行為だ』ベトナムに韓国軍の慰安所が存在したことがアメリカの公文書によって明らかになった今、朴槿恵大統領は自ら発した言葉に自ら応える義務を負った」

日本の責任と相殺せよというのではない。それはそれ、これはこれだ。だが朴槿恵大統領は、この問題にはどこの誰よりも責任を持つべきことだけは明白である。

「千年恨」というなら千年待つしかない

平成二六年（二〇一四年）八月、野田佳彦前首相が自身のブログ「かわら版」（一八日付）で冷え込んだ日韓関係について、興味深い発言をしている。

それによると平成二五年秋、日韓関係の立て直しについて「日韓の有識者による会合が密かに開催」されたという。この会合で「韓国側出席者は異口同音に日韓関係の冷え込みは、日本の右傾化が原因である」と指摘したそうである。

日本の右傾化というのが、安倍首相のことを指していることは明らかだ。これに対し野田氏は、時系列に沿った形で事実関係を詳細に語って反論したという。まず平成二三年（二〇一一年）一〇月、野田氏が首相在任時に訪韓した際、当時の李明博《イミョンバク》大統領は、「歴代の韓国大統領は就任直後は未来志向の日韓関係を唱えるが、任期後半になると反日カードを使いながら支持率を上げようとしてきた。私はそういうことをしたくない」と、きっぱりと明言したこと。

ところがその直後の一二月に京都で開催された日韓首脳会談では、李大統領は時間の大半を費やして、いわゆる慰安婦問題の解決を求めてきたため、野田氏が昭和四〇年（一九六五年）の日韓請求権協定によって法的には完全に決着しているという立場を貫き通したこと。これが、「翌年八月の李大統領による竹島上陸という常軌を逸した行動の伏線となり、日韓関係の急速な悪化につながった」というのが野田氏の見立てである。

その上で野田氏は、「両国関係の悪化は残念ながら既に野田政権の時から始まっていました。その時、日本は右傾化していたのでしょうか。むしろ、ナショナリズムとポピュリズム（大衆迎合主義）を連動させる動きが韓国側から始まったと見るべきでしょう」と指摘している。

中国でもそうだが、国内政治事情のために「反日」を利用する。最近では、韓国で日本を利用することを指した「用日」という言葉があるそうだが、このような行為は自らを世界の三流国と宣言するようなものだと知るべきだ。

ちなみに京都での会談では、李大統領が執拗に慰安婦問題に言及するので、野田氏は在韓日本大使館前の少女像の撤去を求めたという。この野田氏の要求は正しいものである。

無理やり壊さない限り、何百年も残っていく銅像を日本大使館の前に建立するということは、単なる嫌がらせにとどまるものではない。事実上、日本とは未来永劫、親密、友好な関係は築かないという宣言のようなものである。

朴槿恵大統領は、平成二五年（二〇一三年）三月一日の三・一独立運動記念式典で「（日

本と韓国の）加害者と被害者という歴史的立場は、千年の歴史が流れても変わることはない」と演説し、その後、韓国内では「千年恨」という言葉がブームになっているという。これも、未来永劫、日本との和解はあり得ないという立場の表明だ。

だとすれば、われわれの回答は一つしかないだろう。

「じゃ、千年待っています。それまでお好きにどうぞ」

日本の朝鮮に対する植民地支配を肯定するわけではない。しかし、昭和四〇年（一九六五年）の日韓基本条約、日韓請求権並びに経済協力協定によって、すでに法的には解決済みのはずだ。同条約締結に当たって、現大統領の父親である当時の朴正熙大統領は、「過去だけを見れば日本は不倶戴天の敵だが、今日の酷薄な国際社会の中で過去の感情にのみ執着することは出来ない。今日と明日のため、必要とあれば怨敵とも手をとらなければならない」という趣旨の特別談話を発表しているではないか。

つまり、過去のいきさつは完全に解決されたとの合意がなされたわけである。この結果、日本は韓国に対して三億ドルの無償援助と二億ドルの借款を決め、それが高速道路、ダム、製鉄所などに投資され、昭和四一年（一九六六年）から昭和五〇年（一九七五年）

の一〇年間の高度経済成長を実現し、「漢江《はんがん》の奇跡」につながった。この歴史的事実も決して見過ごしてはならない。

韓国の反日に北朝鮮の影響が

櫻井よしこ氏が『週刊新潮』（平成二六年一月二三日号）で紹介しているが、イギリス人のアレン・アイルランド氏が『THE NEW KOREA――朝鮮《コリア》が劇的に豊かになった時代《とき》』（昭和元年、桜の花出版）の中で、「1910年に日本が大韓帝国を併合した当時、半島の人々の生活実態が極めて悲惨だったというのは真実」で、「過去500年にわたってほぼ絶え間なく朝鮮王朝を特徴づけてきた愚かさと腐敗」があり、その原因は「王朝の残虐な行為と汚職にまみれた体制」にあったと分析している。

櫻井氏によれば、アイルランド氏は、朝鮮半島は日本にとって次の要因で脅威だったと指摘しているそうである。①李王朝の数世紀にわたる失政の結果、朝鮮は国家としての独立を維持することが出来なかった、②その結果、ロシアや清が朝鮮半島に触手を伸ばし、日本の国家防衛にとって許容し難い戦略的状況が生じかねなかった。

日本は、ただただ帝国主義的に領土の拡張に乗り出したわけではない。当時の国際情勢や大韓帝国の現状が大きく反映していたのである。あらためて言うが、朝鮮併合を肯定するつもりはない。だが、こうした情勢を無視した批判もまた妥当ではないだろう。

それにしても、韓国の執拗な反日攻撃の背景に何があるのだろうか。

平成二六年（二〇一四年）の一月に日本戦略研究フォーラムの主催で「韓国はどこに向っているのか」と題するシンポジウムがあった。そこでパネラーの話を聞いて正直驚いてしまった。

北朝鮮との融和路線をとった金大中、盧《ノ》武《ム》鉉《ヒョン》両氏の路線を受け継ぐ野党・民主党は、平成二四年（二〇一二年）の総選挙後に韓国の国会議員三〇〇人中一二七議席を占めており、少なくない議員が北朝鮮による韓国併合を目指す勢力と事実上、同じだというのである。

また金日成時代、対南工作担当要員は、韓国で反政府デモに参加している学生の中から頭の良い者たちを選んで勉強させ、判事、検察官、弁護士などに育て上げたという。

北朝鮮の金日成のチュチェ（主体）思想など、韓国では相手にもされてないとばかり思っていたが、実際はそうではなかったのだ。

たしかに韓国では、反共法が存在したためマルクス主義の文献は長い間禁書とされてきた。一九八〇年代に入り、民主化とともにマルクス主義に関する書籍が段階的に解禁されていったことでマルクス主義を受容した民主化運動が発展していったのである。

今ではマルクス・エンゲルス研究所が大学につくられ、マルクス・エンゲルス全集の発行準備も行われているという。世界では、社会主義、共産主義の敗北と破綻が常識になっているが、韓国ではそうはなっていない。世界とは逆コースを走っているようだ。

慰安婦の少女像を建てるなど、「反日」の急先鋒となっている韓国挺身隊問題対策協議会も、「北朝鮮工作機関と連携し、北朝鮮の利益を代弁する親北団体」として韓国治安当局の監視対象となっているといわれている。

韓国とはそういう国だという認識を持っていないと、この国との付き合い方を誤ることになる。

朝日新聞は韓国の前に日本国民に謝罪を

慰安婦問題で朝日新聞が平成二六年（二〇一四年）八月五日・六日付で特集記事を組んだ。この特集について、杉浦信之編集担当（当時）は、「『慰安婦問題は朝日新聞の捏造（ねつぞう）だ』といういわれなき批判が起きています」と述べた上で、「記事の一部に、事実関係の誤りがあったことがわかりました」とさらっと述べている。

では、「事実関係の誤り」とは何か。この問題で論争になってきたのは、官憲による強制があったかどうかである。朝日新聞は、済州島での慰安婦狩りがあったとする吉田清治氏を一六回も登場させ、強制連行があったとする根拠に徹してきた。それについて、今回の特集で「裏づけ得られず虚偽と判断」と結論付けている。

また、これまで「第二次大戦の直前から『女子挺身隊』などの名で前線に動員され、慰安所で日本軍人相手に売春させられた」（平成三年一二月一〇日付朝刊）とか、「太平洋戦争に入ると、主として朝鮮人女性を挺身隊の名で強制連行した。その人数は八万とも二十万ともいわれる」（平成四年一月一一日朝刊）などと報道してきたが、挺身隊と慰安婦はまったく別物だったというのである。

つまり、慰安婦強制連行の根拠は、まったく捏造だったということだ。前述の韓国挺身隊問題対策協議会などは、朝日新聞の影響で間違った理解のまま、こういう名前を付けたのであろう。挺対協のいい加減さがよくわかる一例にもなる。

朝日新聞は、それでも韓国に謝れというが、朝日はまず日本国民に謝罪すべきではないのか。

この問題を詳しく研究してきた現代史家の秦郁彦《はたいくひこ》氏は、「皮肉にも韓国では六月二十五日に元米軍用慰安婦一二二人が、性奴隷とされたことに補償と謝罪を求め、韓国政府を相手に提訴した。

他にも、韓国軍用慰安婦やベトナム戦における性犯罪を追及する声もくすぶる」、「日本も反撃姿勢に転じればよい」（平成二六年八月六日付朝日新聞朝刊）と指摘している。

朝日新聞にはぜひその先陣を切ってもらいたいものだ。

第五章　東京裁判と日本共産党

精神的「カルタゴの平和」だった日本の戦後

「はじめに」でも触れている日本戦略研究フォーラムの会長だった中條高德氏が、著書『おじいちゃん 戦争のことを教えて——孫娘からの質問状』の中で強く憂慮されていたのが、アメリカに骨抜きにされてしまった戦後日本のありようである。

その中で、日本の戦後は「精神的『カルタゴの平和』」であったとして、次のように述べている。以下は、私による要約である。

なぜアメリカが事後法で裁くという国際法違反までして東京裁判を強行したのか。それは、アメリカが日本に対して「精神的『カルタゴの平和』」を目指したからだ。

カルタゴというのは、商業貿易を得意としたフェニキア人の植民市で、紀元前二世紀頃、大いに繁栄した。このカルタゴとローマの間にシチリア島の支配をめぐって「ポエニ戦争」が勃発。戦争は約一二〇年の間に三回行われ、いずれもローマが勝利した。

三度目の勝利の後、カルタゴがあるから平和が脅かされると考えたローマは、カルタゴを徹底的に破壊し、焼き尽くし、住民を皆殺しにして、地上から消してしまった。かくしてローマに平和がもたらされた。これを「カルタゴの平和」という。

それから二〇〇〇年以上が経過し、第二次世界大戦が終結した時、さすがにアメリカが日本を破壊し尽くし、国民を皆殺しにする蛮行は許されるはずもなかった。

そのため、アメリカは日本の精神を破壊し、骨抜きにする道を選んだ。日本人に戦争の贖罪《しょくざい》意識を持たせるために、「日本には民主主義がなく、道徳的にも誤った戦争を行って敗北した」ということを徹底的に叩き込んだのである。

つまり、戦争に負けただけではなく、価値観でも敗北したと思わせることが、アメリカにとって何よりも重要だったのである。

中條氏が、これを「精神的『カルタゴの平和』」と呼んだのは、非常に鋭い指摘である。

東京裁判を肯定的に評価している日本共産党

私は、「東京裁判」で判決が出され、東條英機元総理ら七人に絞首刑の執行がなされた昭和二三年（一九四八年）に生まれた。

私の長い共産党員生活の間で、東京裁判をどう評価するのかという議論を党内で行ったことはなかった。なぜ党内で議論がなかったかといえば、日本共産党はすでに東京裁判を肯定的に評価しており、それが歴史認識の評価として固まっていたからである。

ある時、知人の共産党員の弁護士が、まだ私が国会議員になる前、たしか党の中央委員だった頃、「筆坂さん、東京裁判は、法律的にはやはりおかしい。事後法による裁判であり、法の不遡及の原則に反する」という趣旨のことを話しかけてきたことがあった。

事後法というのは、後からつくった法律で過去の行為を裁くことである。これだと、過去のどのような行為でも恣意《しい》的に犯罪にすることができるので、「(法のなかった)過去に遡って裁いてはいけない」というのが法の世界では大原則となっている。

私は東京裁判について特段の知識はなかった。そのため、「法律的にはそうかもしれないが、日本は間違った戦争をした。その責任者を裁くということで戦後のスタートを切ったのだから、受け入れるしかないでしょう」と答えたように記憶している。

その後も「東京裁判史観」などという言い方を耳にしたり、目にしたりすることがしばしばあったが、日本共産党を離党するまでは真剣に考えたことはなかった。

しかし、離党後にいろいろな本を読んでみて、初めて自分自身が東京裁判史観に侵されていたことを痛感することとなったのである。

日本共産党は、戦前、戦時中と非合法政党として弾圧を受けてきた。また、侵略戦争反対や天皇制打倒を掲げていたことは事実である。さらに中国の延安では、戦争後期には野坂参三らが日本兵に向かって脱走を呼びかけ、日本軍が敗北するように運動してきた歴史も持っている。そうした歴史を持つ政党だから、ポツダム宣言を高く評価し、日本の敗戦を連合国と世界の民主勢力の勝利と評価してきたのも当然である。

党史を見る限り、東京裁判（極東国際軍事裁判）に対して何の異論もなかったようだ。ポツダム宣言に「一切の戦争犯罪人に厳重な処罰を加える」とあったからだろうが、昭和二〇年（一九四五年）一二月八日に、「戦争犯罪人追及人民大会」なるものを開き、天皇を含む戦争犯罪人名簿を発表している。この日は、日本が真珠湾を攻撃した太平洋戦争開始の日であった。

たしかに日本共産党は戦争に反対して、大弾圧を受けたかもしれない。だが、終戦直後に「日本人が日本人を裁け」などと喜び勇んですることなのか。〝一億総懺悔《ざんげ》〟とは言わないが、日本人の多くは正しい戦争だったと思っていたはずだ。

ちなみに、昭和一六年（一九四一年）一二月八日、日本軍の真珠湾攻撃・コタバル強襲によって対英米戦が始まった時、作家、評論家など当時の知識人が、その時の心情をどう語っていたか。以下、半藤一利『昭和史 1926-1945』（平凡社ライブラリー）より引用する。

●評論家・中島健蔵「ヨーロッパ文化というものに対する一つの戦争だと思う」

●評論家・本多顕彰《あきら》「対米英宣戦が布告されて、からっとした気持ちです。……聖戦《せいせん》という意味も、これではっきりしますし、戦争目的も簡単明瞭となり、新しい勇気も出て来たし、万事《ばんじ》やりよくなりました」

●文芸評論家・小林秀雄「大戦争がちょうどいい時にはじまってくれたという気持ちなのだ。戦争は思想のいろいろな無駄《むだ》なものを一挙《いっきょ》になくしてくれた。無駄なものがいろいろあればこそ無駄な口をきかねばならなかった」

●文芸評論家・亀井勝一郎「勝利は、日本民族にとって実に長いあいだの夢であったと思う。即《すなわ》ち嘗《かつ》てペルリによって武力的に開国を迫られた我が国の、これこそ最初にして最大の苛烈極《かれつきわ》まる返答であり、復讐《ふくしゅう》だったのである」

●作家・横光利一「戦いはついに始まった。そして大勝した。先祖を神だと信じた民族が勝ったのだ」

これは善悪の問題ではない。そういう熱狂の中に当時の日本はあったということだ。日本共産党は、ここらあたりの国民の心情がわからないところに、多くの人に忌み嫌われる理由の一つがあるのかもしれないと、今しみじみ思う。

日本共産党の東京裁判の見方はこじつけに過ぎない

東京裁判の結果については、党史『日本共産党の七十年』で次のように述べている。

「この間、一九四六年五月から四八年十一月にかけて、極東国際軍事裁判（東京裁判）がおこなわれた。東京裁判は、戦争犯罪人の処罰を規定したポツダム宣言第十項にもとづき、極東国際軍事裁判所条例によって、アメリカ、イギリス、ソ連、中華民国など十一カ国が原告となり、『平和に対する罪』『通例の戦争犯罪』『人道に対する罪』から、最終的に東條英機をはじめ二十五人の被告に有罪判決をくだした。同裁判では、最高の戦争責任者である昭和天皇裕仁の責任は追及されなかった。

天皇裕仁の戦争責任が追及されなかったのは、裁判の主導権をにぎるアメリカの態度によるものであった。アメリカ当局は、天皇を戦犯にするか否かを、マッカーサーの回答にゆだねた。マッカーサーは、天皇の戦争責任を免罪し、その責任を『天皇側近』におしつけ、天皇を訴追すれば、少なくとも百万の軍隊などを必要とすると回答した。マッカーサーは、アメリカの占領政策を円滑に遂行するうえで、天皇を利用する必要があると考え、アメリカ当局も、敗戦前後、アメリカ国内や連合国などでの天皇を戦犯として訴追すべきだとするつよい世論をおしきって、マッカーサーの方針をみとめた」

この日本共産党の見方だと、東京裁判は極めて政治的な裁判だったことになる。なぜなら「裁判の主導権」を握っていたのはアメリカであり、マッカーサー次第だったと認めているからだ。しかも、これがその後の占領政策と深く結びつくことも認めている。

前掲の党史では、次のようにも述べている。

「東京裁判は、一九二八年の不戦条約で禁止されていた『国際紛争解決ノ為』の戦争を、国際犯罪と位置づけ、侵略戦争の指導者を裁いたものとして、その後の世界平和の探究に大きな意義をもつ裁判だった」

「国際犯罪と位置づけ、侵略戦争の指導者を裁いた」というが、これはこじつけ以外の何ものでもない。同条約では何が侵略であるか定義されておらず、また「『国際紛争解決ノ為』の戦争」についての詳細な定義もなかった。本来、裁く法律などなかったのである。

パル判決から見る東京裁判

冨士信夫著『私の見た東京裁判（上）（下）』（講談社学術文庫）という、東京裁判を克明に追った書がある。冨士氏は、戦後、第二復員省臨時調査部に勤務し、大臣官房臨時調査部の法廷係として東京裁判の開廷から、立証、論告、判決にいたる全審理を見守り続けた人である。同書は、その観察記録と法廷速記録をもとに書かれたもので、総ページ数は約千百ページに及ぶ膨大なものである。

同書の下巻では、東京裁判での実際の判決と、判事の一人で被告全員は無罪と主張したパル判事（現在はほとんどの場合「パール判事」と呼称されている）の判決文を比較しながら叙述されている。パル判決は非常な説得力を持つものであることがわかる。

そのいくつかを同書からの引用で紹介しよう。以下、カギかっこ内はパル判決の引用である。それ以外は冨士氏の記述である。※は私の記述である。ただ文章の流れで私の記述に※がついてない場合もある。

●勝者に敗者の生殺与奪の権利を与えるものではない

パル判決は、本訴追はポツダム宣言、降伏文書に由来するものであるが、無条件降伏という事が完全な敗北とその容認を意味するとしても、国際法上の立場から言えば、それは勝者に敗者の生殺与奪《せいさつよだつ》の権を与えるものではない事を指摘した後、

「降伏要求の条件（注…ポツダム宣言）並に最後の降伏条件（注…降伏文書）に関する限り、それらの条件中には、日本または日本国民に対する絶対的主権を戦勝国家ないしは最高司令官に付与するものでは全然ない。さらに、これらの諸条件中には、明示的に

も黙示的にも、戦勝国または最高司令官に対し、日本国及び日本国民のために法律を制定し、あるいは戦争犯罪に関して立法する事を許可するようなものは存しない」

と述べて、本裁判に対して適用されるべき法は現行国際法だけである、とのパル判事の見解を一層明らかにした。

※ハーグ陸戦条約附属書「陸戦ノ法規慣例ニ関スル規則」の第四降伏規約第四三条に、「国の権力が事実上占領者の手に移りたる上は、占領者は、絶対的な支障なき限り、占領地の現行法律を尊重して、成るべく公共の秩序及生活を回復確保する為施し得べき一切の手段を尽すべし」と定められている。また、ポツダム宣言第十二条でも、「前記諸目的が達成せられ、且日本国国民の自由に表明せる意思に従い平和的傾向を有し且責任ある政府が樹立せらるるに於ては、連合国の占領軍は、直に日本国より撤収せらるべし」とある。パル判決は、このことを指している。

だからこそアメリカは、現憲法制定時もあくまでも日本側が主体的に憲法改正草案を作ったという体裁を取り繕ったのである。

●東京裁判は司法裁判所であるべき

「本法廷は一つの国際軍事裁判所として設置されたものである。ここで意図されたところは、明白にこれが『司法裁判所』である事にあり『権力の表示』であってはならないのである。我々は国際法の適切な諸法規を適用し、右の諸行為が連合国の為《な》した宣言、協定、もしくは条例とは『別個』に、現行法の下において果して犯罪を構成するものであるか否かを判定する事になっている。(中略)

勝者によって今日与えられた犯罪の定義に従っていわゆる裁判を行なう事は、敗戦者を即時殺戮《さつりく》した昔と我々の時代との間に横たわる所の数世紀に亙る文明を抹殺《まっさつ》するものである。かようにして定められた法律に照らして行われる裁判は、復讐の欲望を満たすために、法律的手続を踏んでいるようなふりをするものに外ならない。(以下略)」

※東京裁判は、きわめて政治的な裁判であった。それは勝者による敗者への復讐の場であったからだ。言うまでもないことだが、戦争犯罪は敗者の側だけにあるわけではない。

勝者の側にも戦争犯罪はある。

パル判事は、極東国際軍事裁判所条例によって設置された裁判所であったとしても、国際法よりも上位に設置することはできないこと、そして戦勝国は、戦争犯罪人を裁く裁判所を設置する権限を有していても、国際法に関して「立法」する権限はないこと、さらに、もしそのような「立法」を意図するなら、それは越権行為になること、などを指摘している。

●侵略戦争を犯罪とする国際慣習法は成立していなかった

先ず最初に、パリ不戦條約提案者の一人であったアメリカのケロッグ国務長官が、同條約批准前米上院外交委員会で行った言明、すなわち、

「自衛権は関係国の主権下に在る領土の防衛だけに限られていない。本條約の下においては、自衛権がどんな行為を含むかについては、各国自ら判断する特権を有する。かつ、自衛権を行使した場合は、その自国の判断が世界の他の各国によって是認されないかも知れないという危険を冒すものである。……合衆国は自ら判断しなければならない。而

して、それが正当な防衛でない場合には、米国は世界の輿論に対して責任を負うものである。単にそれだけである」

「法の規則というものは、一度設定された以上は、それは諸国家の意志にかかわらずこれを拘束するものでなければならないが、パリ条約が、自衛権とはいかなるものを含むか、またなぜそれを行使するかという事を、各国自ら判断し決定すべき問題として残しているという事実は、同条約を『法の範疇』から除外するに充分である」

※実に明快である。続けてパル判決は次のようにも述べている。「パリ条約は、自衛戦とは何かという問題を当事国自身の決定に委ねたので、この点に関する効果を全然消滅させてしまったのである」と述べた上で、「侵略戦争を犯罪とする国際慣習法は成立しなかった」と結論付けている。

また、ナチス・ドイツの戦争犯罪を裁くニュルンベルク裁判でアメリカのジャクソン検察官が、「一国家が他国家の征服支配の準備をする事は、最悪の犯罪である」と主張したことを取り上げて、パル判事は次のように述べた。「今日においてはその通りであるかも知れない。しかし、第二次大戦前には、いやしくも強国としてかような企図ないし準備をしたという汚点を持たない国はなかったのであって、かような場合、それが犯罪であるとどうして言い得るのか、本官には理解できない」として、当時、列強国がそれぞれ植民地支配をして、勢力圏拡大に躍起になっていたことを指摘している。

「パル判事が絶対に正しい」と言い切ったハンキー卿

冨士氏は、前掲書の中で、イギリス枢密院顧問官で、政界の元老であるとともに国際法の権威であるハンキー卿の著書『戦犯裁判の錯誤』（時事通信社）から、関心を惹いた指摘について紹介している。その一つが、次の指摘である。

「未来に対して極めて重要な裁判を行う法廷を偏見の度合の少い連合国の構成国、もしくは、もっと公平な中立国の判事を参加させずに、戦争の矢おもてに立った連合国の構成国の指名した判事だけで構成することに決定したことは、果して正しく賢明だっただろうか。

われわれはいま少しで負けるところだったが、かりに負けたとしたら、われわれは日・独・伊三国だけによる裁判に納得しただろうか。また、歴史がそのような裁判の結果を受けいれると期待されるだろうか」

ハンキー卿は同書の中で、判決後に出されたパル意見書が「第二次大戦終了までの期間中においてはいかなる種類の戦争も国際生活（国際社会）の中では犯罪とはならなかった」と述べていることを引用した上で、次のように言う。

「パル判事が絶対に正しいことを、私は信じて疑わない。ケロッグ条約（注…パリ不戦条約）は私もまた熱心な支持者のひとりであるが、それが作られた経過のすべてを熟知している者として、また、この条約の計画を調整する一切の段階、および二つの大戦の間、この条約に影響を与えた一切について特別な責任をもつ者として私が確言することは、条約の調印からニュルンベルク・東京の判決と刑の言い渡しを読んだ時まで、私は、この条約を、戦争を計画し準備し遂行することを戦争犯罪として訴追する根拠として使い得るなどという暗示は、一回だに耳にしたことがないということである」

東京裁判で通訳されなかった原爆投下に対する論評

東京裁判では、国家が行う戦争の個人責任を問うことは出来ないという観点からアメリカの原爆投下についても取り上げられた。弁護人の一人であるブレイクニー弁護士は、次のように論陣を張った。

「国家の行為である戦争の個人責任を問う事は、法律的に誤りである。なぜならば、国際法は国家に対して適用されるものであって、個人に対してではない。個人による戦争行為という新しい犯罪を、この法廷が裁くのは誤りである。

戦争での殺人は罪にならない。それは殺人罪ではない。戦争は合法的だからです。つまり合法的な人殺しなのです。殺人行為の正当化です。たとえ嫌悪《けんお》すべき行為でも、犯罪としての責任は問われなかったのです。キッド提督の死が真珠湾攻撃による殺人罪（注…訴因39）になるならば、我々はヒロシマに原爆を投下した者の名を挙げることができる。投下を計画した参謀長の名も承知している。その国の元首の名前も、我々は承知している。彼等は殺人罪を意識していたか。していまい。我々もそう思う。それは、彼等の戦闘行為が正義で、敵の行為が不正義だからではなく、戦争自体が犯罪ではないからである。

何の罪科で、いかなる証拠で、戦争による殺人が違法なのか。原爆を投下した者がいる！　この投下を計画し、その実行を命じ、これを黙認した者がいる！　その人達が裁いている」

冨士氏の前掲書によれば、この弁論は通訳一時中止の措置が取られたようである。当時の日本では、アメリカによる原爆投下を論評することはタブーにされていたからだ。

パル判事もアメリカの原爆投下を厳しく批判した。

「第二次世界大戦において、原子爆弾はその敵国の都市破壊よりも、より完全に利己的な国家主義並びに孤立主義の最後の防壁を破壊したと言われ、これにより一つの時代が終りを告げ、次の新しい予測する事のできない精神時代が始まった、と信ぜられている。

これらの爆破によりすべての人間が、単に国内問題だけでなく全世界の問題にも利害関係を持つ事を痛感させられ、恐らくこれらの爆発物は、我々の胸中に全人類は一体であるとの感じを自覚させせたであろう。これは確かに、爆発の結果生まれたものであるかも知れない。しかし、確かにこれらの感情は、爆弾の投下されたその時には存在してゐ《ママ》なかったのである。本官としては、原子爆弾を使用した人間がそれを正当化しようとして使った言葉の中に、かかる博い人道観を見出す事はできない」

パル判事が言うように、アメリカの原爆投下は、全世界で核兵器の廃絶という声を呼び起こした。その意味では、「全人類は一体であるとの感じを自覚させた」かもしれない。

しかし、現実の世界はどうだったか。その後、ソ連、イギリス、フランス、中国と国連安保常任理事国のすべてが核保有国となった。いまではインドやパキスタン、北朝鮮も核保有国を表明し、さらにその疑い濃厚なイスラエル、イラン、シリアと拡大している。核兵器完全廃絶は、はるか彼方の夢物語になっているのが現状である。

白人国家ではない日本だから原爆が投下された

パル判事の断罪はさらに続く。第一次世界大戦で、ドイツ皇帝がオーストリア皇帝に送った書簡で、「すべては火と剣の生贄《いけにえ》とされなければならない。老若男女を問わず殺《さつ》戮《りく》し、一本の木でも、一軒の家でも立っていることを許してはならない。……もし余が人道を考慮すれば、戦争は幾年間も長引くであろう。従って余は、自らの嫌悪の念をも押し切って、前者の方法を選ぶ事を余儀なくされたのである」と述べていることに言及し、「我々の考察の下にある太平洋戦争において、もし前述のドイツ皇帝の書翰に示されている事に近いものがあるとするならば、それは連合国によってなされた原子爆弾使用の決定である」、「もし非戦闘員の生命財産の無差別爆撃というものが、未だに戦争において違法であるならば、太平洋戦争においては、この原子爆弾使用の決定が、第一次大戦中におけるドイツ皇帝の指令及び、第二次大戦中におけるナチス指導者達の指令に近似した唯一のものである事を示すだけで、本官の現在の目的のためには充分である」、「このようなものを、現在の被告の所為《しょい》には見出し得ないのである」と述べている。

見事な論と言うしかない。

日本では、原爆投下に対してパル判事と同じように厳しく批判した政党は、日本共産党も含めてなかった。ただ一人の例外は、鳩山一郎氏ぐらいである。

鳩山氏は、終戦の一ヵ月後の昭和二〇年（一九四五年）九月一五日付の朝日新聞に、「〝正義は力なり〞を標榜する米国である以上、原子爆弾の使用や無辜《むこ》の国民殺傷が病院船攻撃や毒ガス使用以上の国際法違反、戦争犯罪であることを否むことは出来ぬであらう」という談話を寄せている。お孫さんとは大違いで、なんと筋が通っていることか。

半藤一利著『昭和史』（平凡社ライブラリー）によれば、アメリカで原爆製造の目処《めど》がついたのは、昭和一八年（一九四三年）五月頃だそうである。ナチス・ドイツは、まだ崩壊していなかった。だがこの時点ですでに、投下目標はドイツではなく、一貫して日本だと決められていたという。これは、日本が白人国家ではなかったからだとしか考えられない。

原爆とマルクス主義者・共産党

平成一九年（二〇〇七年）六月三〇日、久間章生防衛相（当時）が、千葉県柏市の麗澤大学で「わが国の防衛」と題して行った講演で、アメリカが広島、長崎に原爆を投下したことについて、「米国はソ連が日本を占領しないよう原爆を落とした。無数の人が悲惨な目に遭ったが、あれで戦争が終わったという頭の整理で、今しようがないと思っている」と語ったことが大問題になり、大臣辞職に追い込まれたことがあった。

たしかに正確な発言ではない。「ソ連が日本を占領しないよう」というのも事実誤認である。ソ連は、千島列島や歯舞・色丹の奪取だけではなく、北海道占領も狙っていた。

しかし、この久間発言をどれほどの人が非難できるのであろうか。

占領下という事情があったとはいえ、ほとんどの人がアメリカの原爆投下を非難してこなかった。それどころか、日本のマルクス主義者は、これを絶賛してきたのである。

加藤哲郎一橋大学名誉教授は、平成二三年（二〇一一年）一二月一〇日に行った「日本マルクス主義者はなぜ『原子力』にあこがれたのか」という講演報告のレジュメで、当時のマルクス主義者や日本共産党がどういう態度を取っていたかを詳細に解明している。

それによれば、京大理学部出身の理論物理学者で、湯川秀樹らと原子核・素粒子の共同研究を行い、戦時中は理化学研究所で原子爆弾の開発にも関わっていた武谷三男は、戦後の日本共産党の科学技術政策に関わり、「原爆の反ファッショ的性格」や「原爆研究の平和利用」を説き、徳田球一・志賀義雄ら党幹部の原爆・原子力観に大きな影響を与えたとされている。

以下、加藤哲郎氏の報告レジュメ「日本マルクス主義はなぜ『原子力』にあこがれたのか」（二〇一二年二月一〇日）、および『前衛』論文「2つの平和大会と修正主義理論」は、いずれも宮地健一氏のホームページ「共産党問題、社会主義問題を考える」からの転載である。まず加藤レジュメである。武谷は、次のように語っている。

「原子爆弾をとくに非人道的なりとする日本人がいたならば、それは己の非人道をごまかさんとする意図を示すものである。原子爆弾の完成には、ほとんどあらゆる反ファッショ科学者が熱心に協力した。これらの科学者は大体において熱烈な人道主義者である」

「原子爆弾は日本の野蛮に対する晴天《ママ》の霹靂であった」

「原子力は悪いように使える代物ではない。必ずいいようにしか使えない代物である。人類が、すべて生の本能を持っている限り、人類絶滅の道具として使用することはあり得ない」

武谷氏の原爆観というのは、実に滑稽としか言いようのないものだ。その影響を受けた日本共産党の原爆観も、もちろん然《しか》りである。

原爆で不毛の土地が豊かな沃野に変わる？

加藤レジュメは、さらに次のように指摘している。

「すでに志賀義雄『原子力と世界国家』（日本共産党出版部『新しい世界』四八年八月）等で『社会主義の原子力』の夢を語っていた共産党は、『光から生まれた原子、物質がエネルギーに変わる、一億年使えるコンロ』（日本共産党出版部『大衆クラブ』四九年六月号）とボルテージをあげる。その頂点が、この頃流布した日本共産党書記長徳田球一の『原爆パンフ』である。『原爆パンフ』とは、『新しい世界』一九五〇年一月新年号に掲載された徳田球一『原子爆弾と世界恐慌を語る』という四九年一一月一八日談話、スターリンの七十歳誕生日直前である事に注意。（中略）『なぜ資本主義社会では原子力を平和的につかえないか、なぜソ同盟では平和的に使えるのか、原子爆弾と共産主義、原子爆弾は最大の浪費である』と歯切れよく『社会主義の核』の優位を説き、今日まで続く左翼版『原子力の平和利用』（ならぬ『原爆の平和利用』論、第一に荒野開拓・大規模開発技術、第二に資本主義の核への抑止力）の原型となった」

「独占資本主義のもとでは原子力は『動力源としては使えず、爆弾としてしか使えない』、なぜなら原子力を動力源にすると資本主義は生産過剰になり世界恐慌に突入する、それに対して社会主義のソ連では、平和産業が発展する」

「原爆で『おおきな河を逆の方向に流れさすとか、大きな山をとっぱらって』『これまで不毛の地といわれたひろい土地が、有効に使われる（中略）蒙古でもゴミ《ママ》の砂漠でも、新疆でも、ヨーロッパの文明圏の何倍もあるような不毛の土地が、原子力のおかげで、緑のしたたるような、ゆたかな沃野にかわっていく』」

「『原子力を動力として使えば、都市や工場のあらゆる動力が原子力で動かされ』冷暖房自在で『飛行機、船舶その他ありとあらゆる動力として、つかえる』『そうすると、生活必需品も、物質の洪水みたいに、ありあまるほどつくれる』」

以上は、いずれも徳田の「原爆パンフ」に書かれている。原爆投下の非難どころか、反ファッショのために必要なことだったというのである。徳田球一が言うように、原爆で川の流れを変えたり、山を吹き飛ばしたりすれば、それこそ人類の生存そのものが根底から脅かされていたことだろう。

日本共産党は、東日本大震災による東京電力福島第一原発の過酷な事故以来、脱原発を掲げているが、戦後一貫した立場は、原子力の利用であったことも忘れてはならない。それをまるで終始一貫脱原発であったかのように主張するのは、国民を欺くものである。

マルクス主義者や共産党が、なぜこうまで原子力や原爆に理解を示したのか、それは何の不思議もない。むしろ必然的である。なぜなら彼らは合理主義であり、進歩主義の立場だからである。原子力は、当然のことながら合理的に発展する科学技術の進歩であった。

韓国の「中央日報」が、平成二五年（二〇一三年）五月二〇日付コラム欄で「原爆投下は『神の懲罰』」とする記事を掲載した。

同コラムは、米軍による大規模空襲や広島、長崎への原爆投下を神による「苛酷な刑罰」とした上で、第二次大戦末期のドイツ・ドレスデンへの空襲を「ユダヤ人の復讐だ」、広島、長崎への原爆投下については「日本の軍国主義の犠牲になったアジア人の復讐だった」と主張。非戦闘員への無警告、無差別の大規模殺戮についても「国を改造して歴史を変えた」として支持するという主張を展開している。

原爆投下によって戦争が終わり、日本の植民地支配から祖国が解放されたということなのだろうが、神という非論理的な存在を持ち出してまで、罪なき人々を無差別に殺戮した原爆投下を正当化するのは、あまりにも人の心を喪失している。

しかも同コラムは、「日本に対する懲罰が足りないと判断するのも、神の自由だ」と述べ、まだ日本への「神の懲罰」が足りないかのような主張をしている。

これがまともな言論人の言うことであろうか。知的レベルの低さを露呈し、言論人としての矜持《きょうじ》を失ったこの人物に、憤りを通り越して、同情したいぐらいだ。

言論の自由はある。日本を非難したければすればいい。だが、このような人間として許されない愚かな主張を繰り返していると、韓国の国益をも損ないかねないことを知るべきであろう。

ちなみに、原爆投下では決して少なくない在日韓国人も犠牲になった。これも「神の懲罰」だというのだろうか。

共産主義のソ連が行うことはすべて正しいというドグマ

アメリカの核実験や核兵器は非難するが、ソ連など社会主義国のそれは肯定するというのも、日本共産党がかつて取ってきた態度である。

昭和三七年（一九六二年）一〇月号『前衛』（日本共産党中央委員会理論政治誌）には、後に副委員長・参議院議員になる人の次のような論文が掲載されていた。

「渡辺誠毅『核兵器競争か軍縮か』（『朝日ジャーナル』六二年八月一九日号）には、ソ連は純粋に防衛的目的のための『最小抑止戦略』をとっているのに反して、アメリカは純粋に先制攻撃のための『最大抑止戦略』をとっていることが詳細にのべられている。

とくにケネディ時代になってからアメリカは核戦争から残ることを目標とし、『一挙にソ連の核攻撃基地をノックアウトし、自らは返り血を浴びぬだけの核攻撃力、いいかえれば相手に数倍する第一撃能力』をもつための『対兵力戦略』あるいは『対戦略基地戦略』へ重大な転換をおこなったという。こうした極度に侵略的な戦略を完成しようとするアメリカの核実験にたいして、ソ連が防衛のための核実験をおこなうことは当然であり、世界大戦の勃発を阻止するための不可欠の措置にほかならない」

「そしてこの軍事力の発展の過程で、軍備拡張競争と核開発競争の『悪循環』が生ずるのは、けっして社会主義の平和政策とその軍事力に矛盾があるためではなく、第一に悪循環の起動力としての帝国主義の戦争体制に決定的責任があり、第二に、帝国主義と平和勢力の力関係が、冷戦を熱戦に変えないことは社会主義の軍事的努力に依存する部分が多いために、いまだ帝国主義を圧倒、その戦争計画を最終的に放棄させて平和をかちとるまでにいたっていない歴史的段階にもとづいている。この意味では、第一に核兵器における『優位』という帝国主義者の幻想をうちくだいて挑発的計画の放棄を迫り、第二に第三次世界大戦の危険防止についての社会主義国の断固たる決意をしめし、第三に核実験停止協定を締結するための新しい前提をつくりだすために、ソ連をして苦痛にみちた実験再開に踏み切らせたことの責任は、直接的にはアメリカ帝国主義の戦争政策にあることはもちろんであるが、間接的にはその帝国主義政府の戦争政策を転換させることに成功していない各国人民にも関係がないわけではないといわなければなるまい」

私が入党した頃には、ここまでのソ連への幻想はなかったが、「ソ連は正しい、アメリカは悪」という、あまりにも単純な図式には驚くほかない。

この人物は日本共産党の中でも屈指の理論家といわれた人である。私ももちろんよく知っていて、いろいろ指導を受けたものである。そのような人が、今から思えば失笑したくなるような論稿をなぜ書いてしまったのか。

理由は簡単である。ソ連は絶対的に正しい平和勢力であるという大前提に立っていたからである。しかし、ソ連共産党がマルクス・レーニン主義を標榜しているからといって、ソ連がすべて正しいということの証明にはならない。社会主義国は平和勢力である、ということも何ら証明されない。これらはいずれもドグマに過ぎないのである。

しかし、ソ連が日本の領土である千島列島や歯舞・色丹を強奪したこと、シベリアで百万人近い日本人を強制労働させ、何十万という人々の命を奪ったことなどは、この時点でも知り得たことである。これだけでも、ソ連が平和勢力などといえなかったことは明白である。

だが、不都合な真実には目を向けない。これが、科学的社会主義を標榜する日本共産党の「科学の目」だったのである。

「上からの演繹」・唯物史観の間違い

文学者、評論家で東大教授であった竹山道雄著『昭和の精神史』（中公クラシックス）を読むと前記の上田論文のような誤りがもたらされる根底に唯物史観による「上からの演繹」があることを早くから喝破しており、特に私などのように、その唯物史観に侵されていたものにとっては、大いに学ばされる。この中に、次のような指摘がある。

「歴史を解釈するときに、まずある大前提となる原理をたてて、そこから下へ下へと具体的現象の説明に及ぶ行き方は、あやまりである。（中略）このような『上からの演繹《えんえき》』は、かならずまちがった結論へと導く。事実につきあたるとそれを歪《ゆが》めてしまう。事実をこの図式に合致したものとして理解すべく、都合のいいもののみをとりあげて都合のわるいものは棄てる。そして、『かくあるはずである。故に、かくある。もしそうでない事実があるなら、それは非科学的であるから、事実の方がまちがっている』という」

前掲の『前衛』論文などは、この最たるものだと言わねばなるまい。「上からの演繹」がいかに間違っているか、指摘はさらに続く。

「『上からの演繹』によれば、東独は解放であり、西独は植民地である。これは論理の必然的な帰結であり、またそのように主張されている。ところが、事実は、この植民地から解放へではなくて、あべこべに解放から植民地へと、プロレタリアがぞくぞくと逃げだしている。その数はすでに千二百万というのが定説であり、その主な原因は生活の圧迫である。もしこの事実を認めるならば、それは全体系の崩壊であろうし、もしその体系の方を維持しようと欲するならば、事実の方を何とか論理化しなくてはならない」

「『ソ連は歴史的に理論的に侵略戦争をしない国である』というのが、いまの平和論の一つの根拠である。しかし、歴史的には、かつてソ連は日本に戦争をしかけてきた。(もともと戦争は資本主義のするものと信ぜられているが、ソ連はあのときには資本主義国となったわけなのだろうか?)この歴史的事実と前の命題とを調和させるために、運用されている論理は興味がふかいものがある。それは、第一に、ソ連はいまは戦後の建設に専念しているときだから他を犯すいとまはない、というにある。しかし、ソ連が日本を犯したのは戦争直後のもっとも恢復《かいふく》に急なるべきときだった」

たしかに私が日本共産党に入党した一九六〇年代には、社会主義国がソ連一国ではなく、東欧諸国、中国、キューバ、北朝鮮、北ベトナムなど数多くあり、もはや社会主義は世界体制になったと喧伝され、資本主義から社会主義への発展という史的唯物論は、目の前で証明されているといわれたものである。「この社会進歩の道に、若者は身を投じようではないか」といわれて、私も日本共産党に入党したのだった。

昭和五七年（一九八二年）に出版された『日本共産党の六十年』という党史にも、「第二次大戦直後の数年間に、東ヨーロッパのユーゴスラビア、アルバニア、ポーランド、チェコスロバキア、ハンガリー、ブルガリア、ルーマニアで人民の民主主義革命が勝利し、それが社会主義革命へ急速に発展しつつあった。四九年にはドイツの米英仏占領地域にドイツ連邦共和国が成立（九月）させられたのにたいして、ソ連が占領した地域にドイツ民主共和国（十月）が成立した」とある。

西独は、「させられたが」、東独は「した」というのである。だが現在、残っている社会主義国は一つもない。人民の民主主義革命などではなかったからだ。事実は、社会主義国を倒したのが人民の民主主義革命だったということである。

では、『日本共産党の八十年』では、何と書かれているか。

「東欧諸国では、第二次世界大戦後、ソ連の覇権主義によってソ連型の政治・経済・社会体制がおしつけられ、各国の政府は、ソ連に追従する勢力ににぎられ、自主的な道の探究は弾圧されてきました。その東欧諸国で、ソ連の積年の覇権主義や、それとむすびついた国内の官僚主義に反対する人民の不満が爆発したのは、一九八九年のことでした」

百八十度見方が変わっているのではないか。いいかげんなものである。日本共産党によると、こういうことは〝認識の発展〟ということになる。

しかし、竹山道雄氏はとうの昔に見抜いていたではないか。要するに科学的社会主義だ、唯物史観だというが、初めに結論ありきで物事を見ているから、見誤るのである。

そもそも社会の見方に「科学」などあり得ない。もしマルクスの見通しが正しければ、今頃、世界はすべて共産主義国家になっていたはずだ。共産党一党独裁の国はあるが、夢のような共産主義国家などどこにもない。もともと空想的でしかなかった社会主義思想を「科学」と称したところに最大の誤りがあるのだ。

南京虐殺事件はあったのか

冨士氏の『私の見た東京裁判』によれば、「南京虐殺事件」なるものを日本国民が初めて知ったのは、東京裁判の法廷で検察側が取り上げ、それが新聞に大々的に報道されたからであった。

この中で衝撃的な証言を行ったのが、南京アメリカ教会の牧師であったジョン・G・マギーである。マギーの証言は次のようなものであった。

「日本軍の暴行は、ほとんど信じる事ができないほどひどいものでありました。最初その日本軍により中国人の殺戮《さつりく》が始まりました時は、いろいろな方法で行われたのでありま す。まず最初には日本軍の兵隊が、個々別々にあらゆる方法によって中国人を殺したのであります。その後になりまして、三十名ないし四十名の日本軍が一団となって、その殺戮行為を組織的にやっていったのであります」、「しばらく致しますと、南京市内の至る所に中国人の死骸がゴロゴロ横たわっているようになったのであります」、「強姦《ごうかん》は至る所において行われ、多数の婦人及び子供が殺されたのであります」

この証言に対し、ブルックス弁護人が証人自身が不法行為、または殺人行為の現行犯をどれぐらい目撃したかと質問したのに対しては、「ただわずか一人の事件だけは、自分で目撃致しました」と回答したのである。

要するに、マギーの証言はほとんどすべてが伝聞証言だったわけである。

この裁判では、ほとんどの証言が宣誓口述書だけで行われた。弁護側は、宣誓口述書では反論が出来ないことを理由に、証拠として受理することに異議を申し立てたが、すべての口述書が証拠として採用されるとの裁判所の裁定が下されたのである。

さらに昭和二一年（一九四六年）二月、南京地方裁判所附検察官作成の犯罪調書が検察側から書証として提出された。そこには被殺害者三四万人などとあった。すでに事件から八年も経過している上、東京裁判が行われることが決定してから作成された調書である。

冨士氏は次のように述べている。

「悪戦苦闘の末、敵国首都を占領した戦勝国軍隊の軍人として、『チャンコロ』と蔑称《べっしょう》してきた中国人に対する権力・優越感誇示の感情はあったであろう。長年に亙る中国人の排日・侮日に対する報復感情の爆発も、確かにあったであろう。人間の性欲本能そのものの露呈もあったであろう。しかしながら、検察側立証に見られるような三十数万人の一般人の虐殺、二万人に及ぶ婦女子の強姦というような大不祥事を惹き起すほど、南京攻略戦に参加した日本軍人の軍紀風紀は弛緩《しかん》していたのであろうか。

私には、そのような事はとうてい信じられない」

私も同感である。事件が起きたとされるのは昭和一二年（一九三七年）一二月のことである。その後の一〇カ月間に、国民党中央宣伝部は外国人記者会見を約三百回も行っているにもかかわらず、南京での虐殺事件について一度たりとも語っていないのはなぜか。

冨士氏も指摘しているように、日本軍には百二〇人から百三〇人の従軍記者、従軍カメラマンが行動を共にしていたはずである。戦時中も、戦後も、この従軍記者たちから南京虐殺の話は語られていない。本当にあったとすれば、あまりにも不自然である。

結局のところ、伝聞証言以外には有力な根拠は提出されなかった。

もちろん、だからといって事件がなかったということにはならない。冨士氏は、歴史の学び方として、東京大学助教授（当時）小堀桂一郎氏の次の一文を引用されている。

「……この様な批判的認識の眼を以て歴史を見ようとする場合、もう一つ忘れてはならない大事な前提があります。それはこの様にして我々が獲得した歴史上の事実について、その善悪や価値の高下を論ずることはできても、その存在を否定することはできない、といふことです。平たくいへば、確かに生起し、存在した事実について、それが如何に我々の気に入らず、眼障りだからとて、それを『なかったことにする』という操作だけはできない。ありもしない事実をあったかの様に、所謂『捏造する』ことが許されないのと全く同様に、あった史実をなかったこととして抹殺することも、決して許されないことなのです……」

南京虐殺事件も、このような眼で見ていかなければならない。

第六章　靖国神社参拝問題と日本共産党

靖国神社問題を考えさせられた二つの出来事

靖国神社への首相の参拝をめぐって、中国や韓国からそのたびに批判の声が寄せられる。日本国内でも、日本共産党や社民党など、左翼陣営から批判の声が上がる。

最近では、日中関係、日韓関係を慮《おもんぱか》ってか、安倍首相の靖国参拝に対してアメリカのオバマ政権からも「失望した」などの批判が寄せられている。

私は、戦場で亡くなられた人々を慰霊するのは、当然のことだと思っている。「はじめに」でも触れた中條髙德氏が存命中の頃、一緒に参拝することも約束していた。

私には、靖国神社問題を考えさせられる二つの出来事があった。

もう三〇年ぐらい前になるが、中曽根康弘首相（当時）が靖国神社に公式参拝をしたことに対し、中国から強い非難の声が上がった時のことだ。東京の多摩地方の団地で、私は中曽根首相の靖国参拝を批判する街頭演説を行った。

私が演説を終えて宣伝カーを降りると、中年の男性が寄ってきて、「筆坂さん。共産党のことはいつも応援しているが、靖国参拝の批判だけは止めてほしい。あそこには私の兄が祀られているんです」と言われたことがあった。その時、「なるほど、これは心の問題だ、無神経に取り上げてはならない」と思ったのである。

私はそれ以来、実は靖国問題を語ったことはない。遺族の心情を察すると話す気にはなれなくなっていた。

もう一つある。私が共産党を離党した直後に、共産党系の印刷会社で働いていたという高齢の男性に、私の友人を通じて、「食事しながら、いろいろな話を聞かせてほしい」と言われて会った時のことだ。

この男性は、子どもの頃、靖国神社のすぐそばに住んでおり、出征していく兵隊さんを何度も見送ったという。だから毎年、八月一五日には靖国に参拝し戦没者を慰霊しているというのである。話を聞いていると、この人はかつての共産党指導者であった徳田球一氏の家に出入りし、可愛がられていた人だということもわかった。

靖国神社を忌《い》み嫌う人たちは、こういう思いを持った人々の気持ちも否定するのだろうか。

共産党の靖国批判の論理とは

日本共産党は、靖国神社そのものを厳しく批判してきた。不破哲三氏（当時中央委員会議長）は、戦争終結六〇周年時局報告会での講演で次のように述べている（平成一七年五月一七日付「赤旗」）。

「靖国神社は、戦争中は、国民を戦場に動員する役割をになった神社でした。『戦争で死んだら靖国神社で神様にまつられる』、それが最大の光栄だというわけです。（中略）この成り立ちを考えただけでも、その神社への参拝を、戦争への反省の場とすること自体が、まことに道理に合わない話なのです」

これに加えて、二つの重大な問題があるとして、次のように述べている。

「一つは、戦争を起こした罪を問われたA級戦犯が、戦争の犠牲者として合祀《ごうし》されたことです。（中略）靖国神社がこの人たちをどういう立場で祀《まつ》っているのか、ご存じでしょうか」

「（やすくに大百科「私たちの靖国神社」には）『戦後、日本と戦った連合軍（アメリカ、イギリス、オランダ、中国など）の形ばかりの裁判によって一方的に〝戦争犯罪人〟という、ぬれぎぬを着せられ、むざんにも生命をたたれた』（中略）これらの方々を『昭和殉難者』とお呼びして…すべて神様としてお祀り』している、という説明です。

要するに、日本には戦争犯罪などなかった、敵である連合軍が一方的な裁判で押しつけた濡《ぬ》れ衣《ぎぬ》だ、その立場でA級戦犯を合祀したというのが、靖国神社の公式の立場なのです」

「ここへ公式参拝することの是非というのは、合祀された個々の人々への追悼の是非の問題ではありません。首相が参拝することは、日本政府が、戦争犯罪そのものを否定する立場に立つ」

「靖国神社は、自分たちには二つの使命があると言っています。

一つは『英霊の顕彰』です。戦没者の追悼ではありません。『英霊の顕彰』なのです。『顕彰』というのは、神社の言葉を借りれば、『武勲』、戦争のいさおし、〝戦争行為〟そのものをほめたたえることです。

二つは、『英霊が歩まれた近代史の真実を明らかにすること』。もっとはっきり言えば、大東亜戦争批判によって、この真実がおおい隠され、『祖国に汚名が着せられたままになっている』、その『汚名』をそそいで、日本がやった戦争の本当の意味を明らかにすることが、この神社の使命だとしているのです」

以上が、不破氏の靖国神社参拝への批判の論理である。

しかし、これで説得力があるだろうか。そのことを次に見てみたい。

共産党の靖国批判のどこが問題か

たしかに、靖国神社が国民を戦争に動員していく上で、象徴的な存在であったことは間違いない。しかし、だからこそ参拝をして、慰霊する必要があるのではないのか。

安部首相は、第二次安倍内閣発足後、ちょうど一年目の平成二五年（二〇一三年）一二月二六日、靖国神社に参拝し、記者団に次のように語った。

「日本のために尊い命を犠牲にされた御英霊に対し、尊崇の念を表し、そして御霊《みたま》安らかなれと手を合わせてまいりました。そして同時に靖国神社の境内にあります鎮霊社にもお参りをしてまいりました。
鎮霊社は靖国神社に祀られていないすべての戦場に倒れた人々、日本人だけではなくて諸外国の人々も含めてすべての戦場で倒れた人々の慰霊のためのお社であります。その鎮霊社にお参りをしました。すべての戦争において、命を落とされた人々のために手を合わせ、ご冥福をお祈りし、そして、二度とふたたび戦争の惨禍によって人々が苦しむことのない時代をつくるとの決意を込めて、不戦の誓いを致しました」

安倍首相の素直な思いであろう。これのどこが問題なのか。

靖国神社は、何が何でも戦争をし、それを美化するという神社ではない。国のために戦った人々を英霊として慰霊するための神社である。『広辞苑』によると「慰霊」とは、「死者の霊魂をなぐさめること」とある。善悪を超えたところで行われるからこそ慰霊なのである。

A級戦犯が「昭和殉難者」として合祀されていることにも批判が大きいが、共産党の批判は、東京裁判を絶対的に正しいとする前提でその議論が構築されていることが問題である。

前章でも触れた通り、私自身も共産党員時代にはそう思っていた。しかし、今は東京裁判のあり方に重大な疑問を抱いている。

平川祐弘東大名誉教授の『日本人に生まれて、まあよかった』（新潮新書）を読んで、なるほどと思ったので、引用させてもらう。

「交戦国が戦争やその責任者について見方を異にするのは当然です。判断は一致しません。降伏意志をすでに示した国に原爆投下を命じたアメリカ大統領こそ戦犯だと私は思いますが、米国は勝利し罪は問われません。非人道的な無差別爆撃をしながら戦死した米兵も米軍墓地には祀《まつ》られているでしょう。だがたとえそうした人の名が刻まれていようと、アーリントン国立墓地への日本の首相の献花は当然だと私は信じます。

なぜか。政治と宗教は次元が違うからです」

仮に日本共産党から首相が出て——そんなことは決してないだろう——米国を訪問すれば、やはりアーリントン国立墓地に出向き、間違いなく献花することになるだろう。

さらに続けて平川氏は指摘する。

「外国人に『靖国神社とは何か』と聞かれると、『日本のアーリントンだ』と私は答えます。アーリントン国立墓地にはアメリカの独立革命、南北戦争、二度の世界大戦、朝鮮戦争、ベトナム戦争、湾岸戦争などで戦死した軍人や政府要人が埋葬され、その名が刻まれている。奴隷制廃止のために戦った兵士も奴隷制維持のために戦った将軍も、ともに埋葬されている」

日本共産党は、ベトナム戦争も、イラク戦争も、ある時期までは朝鮮戦争も、アメリカによる侵略戦争だと批判してきた。だがアメリカは、これらの戦争を侵略戦争と認めたこともなければ、反省したことも、謝罪したこともない。平川氏流の言い方をすれば、アーリントン国立墓地は靖国神社のようなものである。

だがアーリントン国立墓地には、外国の首脳が当然のように献花に訪れる。慰霊だからである。前掲の平川氏の著書に次のようにある。

「死者は区別せずにひとしく祀るがいいのです。そのことをはっきり信条としているのが神道で、この宗教では善人も悪人も神になります。『善神《よきかみ》にこひねぎ……悪神《あしきかみ》をも和《なご》め祭《まつ》』ると本居宣長は『直毘霊《なおびのみたま》』で説明しています」

共産党は、「武勲」を称賛することまで批判しているが、戦争で武勲を立てれば称賛されるのは当然のことではないか。共産党はベトナム戦争では北ベトナムのボー・グエン・ザップ将軍をはじめとして多くの英雄的戦士が誕生したとしている。戦争の性格が違うと言うかもしれないが、日本の兵士は武勲を挙げてはならないとでも言うのだろうか。

要するに、口にこそ出して言わないが、日本の亡くなった兵士は英霊ではなく、犬死だったというのが日本共産党の立場だ、ということになってしまうのではないだろうか。

日本共産党は、中国の靖国批判を内政干渉と言っていた

日本共産党は、昭和六一年（一九八六年）一〇月一四日付「赤旗」に、「『靖国問題』の核心は何か　A級戦犯合祀問題と『公式参拝』をめぐって」（以下「見解」）と題する見解を発表している。この見解は、当時の中曽根内閣の靖国神社への対応を批判する内容が含まれているが、実は最も厳しい批判の矛先を向けていたのは中国に対してであった。

先にも紹介した中国からの最初の非難があった一二日後の八月二七日、中国の副首相が「日本政府の閣僚がA級戦犯を祀った靖国神社を公式参拝したことは、侵略戦争の被害を受けた各国人民の感情を傷つけた」と日本人記者に語ったのを皮切りに、次々と同趣旨の意見表明を行ってきた。

同年九月一八日には、「中国政府は日本の内閣閣僚が、かつてA級戦犯を祭ってある靖国神社を公式参拝する問題について、日本政府に対し自らの立場を表明するとともに、日本政府に慎重に対処するよう要求した。遺憾なことに、日本側はわれわれの友好的な勧告をかえりみず、あくまで靖国神社を公式参拝し」などとする外交部スポークスマン談話を発表している。

こうした中国の反発に対し、中曽根内閣、自民党は次のような対応をとった。

「（一九八五年）十月二十八日に開かれた政府与党首脳会議では、金丸自民党幹事長（当時）が『中国は戦犯が一般戦没者と一緒に靖国神社にまつられていることに神経をとがらせている。東郷元帥や乃木大将がまつられていないのに、戦犯がまつられているのはおかしい』」「（A級戦犯）合祀をどうするか、（自民党として）調査、研究してみる」とのべ、A級戦犯合祀について靖国神社側に『善処』をもとめたうえ『公式参拝』そのものは維持する方向で検討することを決めた。二階堂自民党副総裁（当時）はこれをうけて、さっそく、章曙駐日中国大使にたいして、『戦犯が一般戦没者と一緒にまつられていることは、私も知らなかった。しかし、中国の国民感情はよくわかる。私自身も反省している』」とした（一〇月三〇日）。

これに対して中国側は、次のような反応を示した。

「（A級戦犯合祀の）問題さえ正しく解決されるのなら（靖国問題の）解決策を見いだすことは決して難しくない」（一二月二七日、日本記者クラブでの章駐日大使の講演）と述べ、また昭和六一年（一九八六年）八月二八日には、中国外務次官が「A級戦犯の合祀をやめれば靖国問題は自然消滅」などと述べるなど、中国はA級戦犯問題に絞って、靖国参拝を問題にしているという態度を表明した。

日本共産党が激怒したのは、実はこの中国側の態度についてなのである。

日本共産党の「見解」は、中国の態度を次のように批判する。

「『靖国問題』の本質は、第一に、『天皇のための戦死』を奨励・礼賛し、第二に、憲法の定める『思想・信条・信教の自由』『政教分離の原則』をふみにじるところにある。そのことは、A級戦犯を合祀していようがいまいが、なんら変わらない。A級戦犯の合祀は、靖国神社の歴史的、本質的役割からみて、ある意味では偶然ではない結果である」

にもかかわらず中国側の態度は、許しがたいものだとして、次のように批判している。

「『A級戦犯の合祀をやめれば靖国問題は自然消滅』するなどという中国政府の態度は、中国自身をふくむアジア諸国と日本人民の願いに反して、侵略と軍国主義を事実上免罪し、日米軍事同盟下の軍国主義復活をたくらむ中曽根内閣に手を貸すものである」

「それだけではない。『靖国問題』を事実上A級戦犯合祀問題だけに限定し、その核心についてなんら問題としない立場を繰り返し表明する中国政府の態度は、靖国神社『公式参拝』反対をも焦点の一つとしてすすめられている、日米軍事同盟下の軍国主義復活・強化を阻止する日本人民のたたかいへの重大な内政干渉にならざるをえない」

当時は、何でもかんでも「軍国主義復活・強化」という表現をまるで枕詞《まくらことば》のように使っていたので文章が大仰だが、この「見解」と不破講演は、実は大きく異なっている。

例えばA級戦犯問題についてだ。不破講演では、A級戦犯合祀が靖国参拝に反対する大きな理由になっている。ところが「見解」では、「靖国問題」の本質は、「A級戦犯を合祀していようがいまいが、なんら変わらない。A級戦犯の合祀は、靖国神社の歴史的、本質的役割からみて、ある意味では偶然ではない結果である」というのである。

やや遠回しな言い方だが、靖国神社の歴史的役割からすればA級戦犯合祀は、当然の結末であり、そんなことは本質問題とは関わりのない、些末なことだというのだ。要するに、「見解」のタイトルを「『靖国問題』の核心は何か」としているように、核心を突かない、的はずれなものだと中国側を批判しているのである。

しかも、「中曽根内閣に手を貸すもの」だとか、中国による「重大な内政干渉」だとか、まさしく最大級の非難を中国政府に浴びせている。現在では考えられないことである。

しかし、この共産党の論理は、逆の立場からも使えるものである。

日本国内の人々は、何も共産党と同じ立場の人たちばかりではない。否、そうではない人々の方が多いだろう。その時に、A級戦犯合祀問題で日本に文句をつけてくる中国側の態度もまた重大な内政干渉ということに論理的にはなる。不破氏の講演よりも、「見解」のほうがはるかに良くできていると私は思う。

それにしても、なぜ日本共産党の立場は、これほど大きく変化したのか。

それには理由がある。「見解」発表当時は、日本共産党と中国共産党は、「文化大革命」以来の大喧嘩をしていた。関係は断絶し、お互いに罵り合う関係であった。だが、不破氏が講演を行った時には、両党関係を正常化しており、仲良くなっていた。この点が決定的に違っていたのだ。

喧嘩しているか、仲良くしているかで、態度を変化させる――こういうことはよくあることかもしれないが、それは党を中心とした考え方であって、少なくとも「国民が置き去り」にされていることだけは間違いない。

靖国神社問題を日本の弱点として衝く中国、韓国

中国、韓国が靖国神社への首相参拝に、抗議を始めたのは昭和六〇年（一九八五年）八月一四日、中曽根康弘首相（当時）が公式参拝するという談話が発表されてからだ。A級戦犯が合祀された昭和五三年（一九七八年）以降、三人の首相が靖国神社に参拝し

ているが、抗議も懸念の表明もなかった。

ただ、A級戦犯合祀問題とは別に、憲法の政教分離原則に抵触するか否かという議論は、裁判も含めて大きな問題になっていた。

これを日本の弱点と見て取った中国が、「(公式参拝は)世界各国人民、とくに、軍国主義の大きな被害を受けた中日両国人民を含むアジア各国人民の感情を傷つけるだろう」(昭和六〇年八月一四日、中国政府外交部スポークスマン)という声明を発表した。

「中日両国人民を含む」というのは、中国人、日本人やアジアの人々の感情を傷つけるということであり、日本人にまで楔《くさび》を打ち込んできたのである。現状を見る限り、残念だが、これが一定の成果を上げているということになる。

この声明が、中国からの首相の靖国参拝に対する初めての非難である。これにうろたえたのが、当の中曽根内閣だった。

翌昭和六一年(一九八六年)八月一四日、「本年八月一五日の内閣総理大臣その他の国務大臣による靖国神社公式参拝について」と題する次のような談話を後藤田正晴官房長官が発表した。

「靖国神社がいわゆるA級戦犯を合祀していること等もあって、昨年実施した公式参拝は、過去における我が国の行為により多大の苦痛と損害を蒙った近隣諸国の国民の間に、そのような我が国の行為に責任を有するA級戦犯に対して礼拝したのではないかとの批判を生（んだ）」

「明八月十五日には、内閣総理大臣の靖国神社への公式参拝は差し控えることとした」

これは、現在に至るまで大いに禍根を残す対応だったというしかない。

この時に、中国、韓国をはじめ国際社会に向かって毅然とした対応を取っておくべきだった。それを、逆に日本の弱点にしてしまったのが、この談話である。

そもそも中国が問題視してきたのは、A級戦犯合祀だけである。

私は以前、駐日中国大使館の高官に、「なぜ靖国参拝を非難するのか。慰霊のために参拝しているだけではないか」と問い質《ただ》したことがある。

その時の相手方の回答は、「首相など政府の首脳だけです。国民の参拝を非難しているわけではない」であった。国民は良いが、政府首脳は駄目だというのもおかしな理屈である。

中国共産党に「人民の感情」などと言う資格はない

何よりも、そもそも中国共産党に「人民の感情」などと言う資格があるのか。

中国共産党の独裁政治の下で、国民の権利や自由な言論を奪い、他方で共産党幹部の腐敗をはびこらせてきた。いま習近平体制の下で党幹部などの腐敗摘発が進められているが、「賽《さい》の河原の石積み」、すなわち無駄な努力に過ぎない。

イギリスの歴史家ジョン・アクトンは、「権力は腐敗する、専制的権力は徹底的に腐敗する」と喝破《かっぱ》した。共産党独裁体制を改めずして、腐敗の一掃などできようはずもない。

中国共産党、中でも毛沢東の失政によって、いったいどれほどの中国民衆を犠牲にしてきたのか。池上彰著『そうだったのか！　中国』（集英社文庫）が詳細な分析を行っている。以下、同書を参照したものである。

毛沢東が天安門の上に立って、中華人民共和国の成立を宣言したのが昭和二四年（一九四九年）一〇月一日である。前掲書によれば、その翌年に「反革命活動の鎮圧に関する指示」が出され、三年間で七〇万人が処刑されたという。その多くが公開処刑であり、多くの人々に恐怖心を植え付けていったのだ。

また「三反運動」（汚職反対・浪費反対・官僚主義反対）や「五反運動」（贈賄・脱税・横領・手抜き・経済情報の窃盗への反対）を推進したが、要は「資本家」を対象としたもので、各地で企業の経営者や中小商店主が批判、吊し上げを受け、自殺者は数十万人に上ったという説もあるという。

昭和三三年（一九五八年）に始まった「大躍進政策」は、さらに悲劇的なものとなった。その大きな柱が農業の人民公社化であった。

もともと中国共産党は、大地主の土地を小作の農民に与えることによって支持を獲得し、国民党との戦いに勝利していった。

ところが、人民公社化では、今度は国家が土地所有者になるため、農民から再び土地を取り上げることになる。それだけでなく、農家が所有している家畜も取り上げてしまったのである。

この結果、農民の農業を続け、生産性を上げるという意欲は減衰してしまった。家畜を取り上げられることを知った農民は、取り上げられる前に家畜を殺し、肉にして売ってしまったため、家畜が激減するという事態を招いたのである。

「大躍進政策」のもう一つの柱が、鉄鋼生産の拡大だった。毛沢東は一五年でイギリスの鉄鋼生産量に追いつくという計画を立てた。ところが製鉄所建設はせずに、人民公社の敷地で「裏庭煉鋼炉」（土法高炉）と呼ばれる、耐火レンガにモルタルを塗っただけのものを造った。

この高炉で作られるのは、何の役にも立たないただの鉄の塊でしかなかった。しかし、ともかく鉄鋼生産の量を増やさなければならないので、農民はフライパンや、包丁、鋤《すき》や鍬《くわ》などを高炉に投げ入れたという。まさに本末転倒である。

こうして「大躍進政策」は大失敗し、大飢饉を招いてしまうことになる。「一九七九年に共産党が組織した制度改革委員会は、実際に何が起こったのかを調査し、飢饉で四三〇〇万人から四六〇〇万人が死亡したという結論を出し」（池上彰著、前掲書）たという。

余談になるが、同じ失敗はスターリンのソ連でも起こっていた。

ソ連では昭和五年（一九三〇年）から全面的な農業集団化、いわゆる「コルホーズ」が開始される。導入にあたり、コルホーズ化に反対する農民が、コルホーズに家畜を提供するぐらいなら食べてしまえというので、家畜を次々に殺してしまったのである。

『ソ連邦共産党史』（六二年版）によると、一九二九～三〇年だけで、国の家畜保有数は半減し、牛の数は、一千四百六十万頭、豚は三分の一、羊、山羊は四分の一減少し、『コルホーズ建設における誤りと富農とその同調者の敵対行動の結果、畜産業は、ひどい被害をこうむり、長期間、この被害から回復することはできなかった』（同上、四四四ページ）という状態がおこりました。穀物生産も一九三二年には集団化前の一九二八年の一四パーセントとなりました」（聴濤弘著『21世紀と社会主義』新日本出版社）という。

どちらも毛沢東、スターリンという二〇世紀を代表する独裁者の政策の誤りだった。毛沢東にはもう一つ大きな誤りがある。それが、毛自身の権力奪還のためでしかなかった「文化大革命」だ。

これによって何十万、何百万ともいわれる人々が犠牲になった。

だが、中国共産党は「歴史的な悲劇」とはいうが、毛沢東を厳しく批判したことはない。天安門には、いまだに毛沢東の大きな肖像画が掲げられている。

核戦争で中国人民が半分死んでも大丈夫と言った毛沢東

毛沢東は、ソ連共産党フルシチョフ第一書記の「西側との平和的共存論」に猛烈に反発して、「われわれは西側諸国と話し合いすることは何もない。武力をもって彼らを打ち破ればよいのだ。核戦争になっても別に構わない。世界に二十七億人がいる。半分が死んでも後の半分が残る。中国の人口は六億だが半分が消えてもなお三億がいる。われわれは一体何を恐れるのだろうか」と語った。

また、かつて中国政府は、昭和天皇もしくは皇太子夫妻の訪中を日本政府に打診してきたことがある。靖国神社やA級戦犯が許容できないのだとするなら、中国にとって天皇、皇族も同様の存在ではないのか。そうでなければ一貫性を欠くことになるはずだ。

毛沢東の次の発言が、その謎を解いてくれる。

昭和三九年（一九六四年）七月、当時の日本社会党の訪中団が毛沢東と会談した際、社会党が日中戦争について謝罪をすると毛沢東は、次のように述べたという。

「二十年前のあのような対立は、日本人民を教育しましたし、中国人民をも教育しました。わたしは、かつて、日本の友人に次のように話したことがあります。

かれらは、日本の皇軍が中国を侵略したのは、非常に申し訳ないことだ、と言いました。わたしは、そうではない。もし、みなさんの皇軍が中国の大半を侵略しなかったら、中国人民は、団結して、みなさんに立ち向かうことができなかったし、中国共産党は権力を奪取しきれなかったでしょう、と言いました。

ですから、日本の皇軍はわれわれにとってすばらしい教師であったし、かれら（その日本の友人のこと）の教師でもあったのです」

「（戦争の）結果、日本の運命はどうなったでしょうか？　やはり、アメリカ帝国主義に支配されるようになったではありませんか？　同じような運命は、わが台湾、香港にもみられますし、南朝鮮にも、フィリピンにも、南ベトナムにも、タイにも及んでいます」

毛沢東は、日本の戦争責任など問題にもしていなかった。要するに、中国人民の心の傷なるものを慮って靖国参拝に反対しているわけではない。中国にとって靖国問題は、日本に対して、いつまでもケチをつけ続けるための手段に過ぎないということだ。毛沢東にとってはそんなことより、権力奪取のほうがはるかに重要だったのである。

私は、中国とも韓国とも友好的な関係を構築すべきだと考えている。また戦前の日本の歩んできた道がすべて正しいなどと言うつもりもない。

だが、非生産的にただ罵るだけでは何も生まれない。国によって歴史観が異なるのは当然のこと。お互いに違いを認めた上で、良好な関係を構築できればと願っている。

終章　二転三転し続ける日本共産党

憲法制定時、唯一反対した日本共産党

「日本国民が、憲法九条をつくったさい、そこには日本が二度と戦争をする国にならないという『不戦の誓い』とともに、戦争放棄と軍備禁止という恒久平和主義を極限にまですすめた道に世界にさきがけて踏み出すことで『戦争のない世界』への先駆になろうという決意がこめられていた」――日本共産党の第二四回党大会の決議の一節である。

知らない人が聞けば、現憲法制定時に政党として唯一反対したのが日本共産党であったことなど想像すらできないだろう。西修駒澤大学名誉教授著『図説　日本国憲法の誕生』（河出書房新社）には、次のようにある。

「（前略）野坂参三が党を代表して、長広舌《ちょうこうぜつ》の反対演説を行なった。その最大の理由は、世襲の天皇制が残っているかぎり、とうてい真の民主主義憲法といえず、『むしろ不徹底と曖昧《あいまい》と矛盾に満ちており、羊頭狗肉《ようとうくにく》』の憲法だからである。この演説のなかで、草案第九条（戦争放棄）について、次のように言い切っている。

『当草案は戦争一般の抛棄を規定しております。これに対して共産党は他国との戦争の

拋棄のみを規定することを要求しました。さらに他国間の戦争に絶対に参加しないことも要求しましたが、これらの要求は否定されました。この問題は我が国と民族の将来にとってきわめて重要な問題であります。ことに現在の如き国際的不安定の状態のもとにおいて特に重要である。現在の日本にとってこれ（草案第九条）は一個の空文《くうぶん》にすぎない。われわれは、このような平和主義の空文を弄《ろう》する代りに、今日の日本にとって相応《ふさわ》しい、また実質的な態度をとるべきであると考えるのであります。要するに当憲法第二章は、我が国の自衛権を放棄して民族の独立を危うくする危険がある。それゆえに我が党は民族独立の為にこの憲法に反対しなければならない』」

これは昭和二一年（一九四六年）八月二四日、衆議院本会議での野坂演説である。

当時、吉田首相が自衛戦争すら放棄するという立場を表明していたこともあるが、平和主義を空文と呼び、国の独立にとって自衛戦争の容認と、それを裏付ける軍事力は必要だということを公然と表明していたのが、かつての共産党なのである。

おそらく若い党員は、こういう歴史すら知らないであろう。「反戦平和の党」という売り文句をさんざん聞かされてきた党員は、日本共産党こそが憲法九条を作ったというぐらいの気持ちでいるのではないだろうか。そうでなければ、恥ずかしげもなく「憲法九条は世界の宝」などとは、到底言えないはずだ。

『日本共産党の八十年』では、「その後、戦争を放棄し、戦力不保持を定めた憲法九条のもとでも自衛権をもっていることは、ひろくみとめられるようになりました。（中略）党は、現在の綱領路線を採択するなかで、憲法の改悪に反対して九条を積極的に擁護（以下略）」と、この時から護憲政党になったかのように述べている。ここにもごまかしがある。共産党は、吉田首相が自衛権すら否定したから反対したと弁明しているが、吉田首相は、自衛権を否定したわけではなく、自衛戦争を否定したのである。

綱領が採択されたのは、昭和三六年（一九六一年）の第八回党大会である。たしかに憲法第九条の改悪に反対することは掲げているが、護憲政党になったわけではない。

一貫して共産党は改憲政党だった

第八回党大会で行われた綱領草案についての報告では、「現行憲法の改悪反対、憲法に保障された平和的民主的条項の完全実施は、わが党が一貫してたたかってきた要求であり、今後もたたかっていく課題である。草案が現行憲法について新しい叙述をくわえたのは、戦後の民主革命のざ折という問題と、現行憲法の関連を戦後の政治過程のなかで位置づけ、われわれがどういう意味で現行憲法を擁護し、同時に、どういう点では手をしばられるものではないということをあきらかにするためである。

社会党などは、現行憲法を手ばなしに評価し、それをまもりに完全実施していけば、なしくずし的に社会主義にいけるというような主張（以下略）」と述べている。わざわざ非武装中立論の社会党を批判して、自分たちが改憲政党であることを堂々と主張している。

昭和四八年（一九七三年）一一月に行われた第一二回党大会では、「民主連合政府綱領案」が採択される。ここでの方針は、自衛隊は憲法違反の軍隊なので解散させ、その上で憲法改正を提案し、「最小限の自衛措置をとる」としていた。合憲の軍隊を持つということである。

私自身が作成に加わった八五年版『日本共産党の政策』でも、「将来の独立・民主の日本において、国民の総意で最小限の自衛措置を講ずる憲法上の措置が取られた場合には、核兵器の保有は認めず、徴兵制は取らず志願制とし、海外派兵は許さないようにします」と明記している。

実に明快な改憲論ではないか。天皇制をなくすという立場で憲法制定時に天皇条項についても反対し、改憲を訴えていたのが日本共産党なのである。

自衛隊は憲法違反ではない

現在の憲法が連合国軍最高司令官マッカーサーの指示によって作られたものであることは周知の事実である。

日本国憲法の草案となったマッカーサー・ノートでは、「紛争解決のための手段としての戦争」とともに、「自己の安全を保持するための手段としての戦争」の両方が憲法に明記されなければならないとされていた。

しかし、これでは現実的ではないということで、憲法には前者だけが明記されることになった。つまり、「自己の安全を保持するための手段」は禁止しなかったのである。

国家秘密保護法に賛成して話題を呼んだ憲法学者の長谷部恭男東大教授は、『憲法とは何か』（岩波新書）の中で、「自衛のための実力を保持することなく国民の生命や財産を実効的に守ることができるかといえば、それは非現実的といわざるをえない。その非現実的価値観を強制することこそ立憲主義に反する」と述べ、さらに九条は「準則（ｒｕｌｅ）」ではなく、「原理（ｐｒｉｎｃｉｐｌｅ）」だと指摘している。こうした考えに則《のっと》れば、現憲法下でも自衛隊は合憲だということになる。

日本共産党は、自衛隊は憲法違反の軍隊だと位置付けている。したがって、九条の完全実施、すなわち自衛隊の解消というのを最終的な方針としている。

自衛隊解消までに、もし急迫不正《きゅうはくふせい》の侵害があったなら、共産党が与党ならば自衛隊を活用するが、与党でなければ活用しないなどという支離滅裂な方針を掲げている。

共産党が政権に就くという展望は、同党自身の目標でも二一世紀の遅くない時期ということなので、まだ数十年は自衛隊の活用に反対するということである。

戦争を好きな人などいない。戦争の悲惨さは誰しもが知っている。しかし、同時に現実に目を向けなければならない。国際社会の現実から目をそらし、無防備を良きこととして、それを他人に強制することは最大の無責任であると指摘しなければならない。

共産党も日本が自衛権を有していることは、当然のこととして認めている。

自衛権とは、他国からの武力攻撃に対して、実力をもってこれを排除する権利である（個別的自衛権）。つまり自衛権を保持しているということは、本来、必要な軍事力を保持しているということと同義である。自衛権はあるが、自衛隊は憲法違反という論理は成立しない。共産党もそろそろ自衛隊合憲論に変更すべきだと進言したい。

天皇条項でも大転換してきた共産党

天皇についても、共産党は立場を大きく変更させてきた。もともとは天皇条項について「ブルジョア君主制」と位置付け、現憲法の反動的条項だとしてきた。そこから「天皇制打倒」という政治方針が導かれたのである。

六一年綱領では、「戦前の絶対主義的天皇制は、侵略戦争に敗北した結果、大きな打撃をうけた。しかし、アメリカ帝国主義は、日本の支配体制を再編するなかで、天皇の地位を法制的にはブルジョア君主制の一種とした。天皇は、アメリカ帝国主義と日本独占資本の政治的思想的支配と軍国主義復活の道具となっている」と規定していた。

平成一六年（二〇〇四年）一月の第二三回党大会で綱領を改定した際、綱領改定報告を行った不破哲三議長は、天皇条項についてどう述べているか。

「いま、憲法をめぐる中心課題は、第九条の改悪を主目標に憲法を変えようとする改憲のくわだてに反対し、現憲法を擁護することにあります。わが党は、当面、部分的にもせよ、憲法の改定を提起する方針をもちません。（中略）天皇制の廃止の問題が将来、どのような時期に提起されるかということもふくめて、その解決については、『将来、情勢が熟したとき』の問題だということを規定するにとどめているのであります」

「また、象徴天皇制という現制度を、『君主制』だとした現綱領の規定を改定案がやめたことについて、『君主制』の規定は残すべきだとする意見も一部にありました。しかし（中略）国民主権の原則が明確にされている国で、『国政に関する権能』をもたないものが『君主』ではありえないことは、憲法論のうえで明白であります」

この大会の何年か前に、「綱領（六一年綱領）で天皇を『君主制』と規定したのが間違いだった。この見直しが必要だ」と、私は不破氏から聞いたことがある。

君主制ということになれば、共産党という立場からすれば、当然打倒の対象か、あるいは、少なくとも天皇制は廃止するという立場を取らなければならない。

しかし、一般の国民にとってはどうか。今では象徴天皇制が国民に広く根付いている。これを打倒する、廃止するなどという方針が、国民に受け入れられないことは明白だ。そこで、共産党は「天皇制打倒」という方針を変える必要に迫られた。そのために憲法解釈を見直したのである。

各国の君主制を見た場合、形式上政治的権能を持っているが、日本の天皇制の場合には、「国政に関する権能を有しない」と規定されている。共産党はここに着目した。

天皇の場合、政治的権能を持たないのだから君主とはいえない。であれば天皇条項は反動的条項でもないし、打倒の対象にする必要もない――ということになったわけである。憲法制定以来、七〇年近く経過するが、憲法は一字一句変わっていない。日本共産党のほうが次々と変わっていったことを明らかにする事例といえるだろう。

付録　中国の膨張主義と沖縄

米軍がいなくなった途端に比国領土を強奪

中国の膨張主義、覇権主義はとどまるところを知らない。日本の領土である尖閣諸島周辺での日常化した領海侵犯や、スプラトリー（南沙）諸島やパラセル（西沙）諸島でのフィリピン、ベトナムとの領土紛争を見ても明白である。

一九九一年、スービック海軍基地とクラーク空軍基地がフィリピンに返還され、米軍はフィリピンから撤退した。当時、日本国内ではフィリピンがアメリカに対し、基地提供を拒否し、米軍基地を撤去させたというので、反安保勢力などは大いに意気高くしたものである。

しかしその実態は、基地の使用期限延長について交渉中だった同年六月、ピナトゥボ山が大噴火し、クラーク空軍基地が大量の火山灰などにより使用不能になり、米軍自身が放棄したものだった。スービック海軍基地については、アメリカは使用期限の延長を望んでいたが、フィリピン上院が拒否したため、一一月フィリピンに返還された。

米比相互防衛条約自体は解消されたわけではないが、米軍が一九九二年に撤退した後、アメリカが干渉する可能性はなくなったと読んだ中国は、九五年にフィリピンが領有権を主張していた南沙諸島の環礁の一つ、ミスチーフ礁に建造物を一方的に構築した。

当時、第二次大戦中に建造された旧式駆逐艦一隻しか保有していなかったフィリピン海軍は、中国海軍にとって敵ではなかった。フィリピンのマゼタ国防委員長は、「フィリピン海軍としては軍事力による防衛は不可能で、戦わずに撤退せざるを得ない」と発言している。

アメリカによる抑止の空白を突いた中国は、ミスチーフ礁において施設を拡充して軍隊を駐留させ、不法占領を続けている。さらに二〇一二年四月からは、南シナ海・中沙諸島のスカボロー礁の領有権をめぐってもフィリピンは中国と対立が続いているが、ここでも中国はその軍事力を背景に駐屯施設の基礎工事を始めているといわれている。

このような状況の中、二〇一四年四月二八日にフィリピンを訪問したオバマ米大統領はアキノ大統領と首脳会談を行い、新軍事協定を締結した。

その内容は、フィリピン国内基地の共同使用など米軍の事実上の駐留を認め、合同軍事演習を強化することが柱となっている（フィリピン憲法では外国軍の駐留を禁止しているため、米軍はローテーション形式で駐留し、協定にも「常駐」ではないことが明記)。一九九二年に全面撤退した米軍が再び拠点を構築することで、アメリカの軍事力を背景に南シナ海への海洋進出を強める中国をけん制する狙いであることは明白だ。

やはり、中国の南シナ海や東シナ海での国際法を無視した膨張主義に対して、「国際法に則った解決を」と言うだけではなく、抑止力が必要というのが現実である。

抑止力についてよく知らない人が首相になる日本

数年前のことだが、「抑止力」についてよく知らなかったという人が首相になった。米軍普天間《ふてんま》基地を「国外に、最低でも県外に」と公約した鳩山由紀夫氏である。後に辺野古移転に賛成するが、その際、「日米同盟や近隣諸国との関係を考え、抑止力の観点から海外は難しいという思いになった」、「米海兵隊の存在は、必ずしも抑止力として沖縄に存在する理由にならないと思っていた。学べば学ぶほど抑止力(が必要と)の思いに至った。(認識が)甘かったと言われれば、その通りかもしれない」と語った。

鳩山氏が、どこで、何を、どう学んだのかは知らないが、「抑止力」とは、軍事力を行使することによって「抑え、止める」のではない。実際には軍事力を行使することなく、侵略があったら反撃する、打撃を加えるという意思と能力を相手国に示すことによって、相手国の侵略を未然に防ごうというのが、抑止力論である。「核抑止力」とは、いざとなれば核兵器で反撃し、壊滅的な打撃を与えるぞという意思を示すことによって、相手国の侵略を思いとどまらせようとするものである。

ちなみに日本の自衛隊は、自衛隊法第三条第一項により「我が国の平和と独立を守り、国の安全を保つため、直接侵略及び間接侵略に対し我が国を防衛することを主たる任務とし、必要に応じ、公共の秩序の維持に当たる」ものとされている。要するに「自衛のための必要最小限の実力組織」ということで、抑止力を持たないのが建前となっている。日米安保条約に基づいて、日本には米軍が駐留している。この米軍の最大の存在意義は、まさに抑止力にある。中でも決定的な抑止力が、結局は核抑止力ということである。これが現実である。

普天間基地を運営しているアメリカの海兵隊について、「主な任務は、海外の紛争地域の基地などを奪取するための上陸作戦であって、直接的に日本防衛、沖縄防衛の任務を持っているわけではない。日本防衛のためには役に立たない部隊だ」と、よくいわれている。だが、在日米軍は海兵隊だけではない。第七艦隊空母機動部隊など海軍のほか、嘉手納、横田などの空軍、陸軍も駐留している。この全体が抑止力になっている。

もし在日米軍が存在せず自衛隊だけであったなら、北朝鮮や中国の蛮行がいま程度で収まっていないことは、反米軍基地、反安保の立場の人でも認めざるを得ないだろう。

沖縄の主権問題は未解決とする「人民日報」

平成二六年（二〇一四年）五月八日付の中国共産党機関紙「人民日報」が、「歴史的な懸案で未解決の琉球問題を再び議論できる時が来た。尖閣諸島は台湾に付属する島だ。清は日清戦争後の下関条約で、台湾や尖閣諸島、澎湖諸島、沖縄を日本に奪われた。日本はポツダム宣言を受諾した以上、中国へ台湾や尖閣諸島を返還するのみならず、沖縄の帰属についても議論すべき」とする論文を掲載した。

これは目新しい議論ではない。この議論は、昭和四三年（一九六八年）、国連アジア極東経済委員会の調査によって、東シナ海に豊富な海底資源が埋蔵されている可能性が指摘されてから始まった。その直後から、東シナ海の海底ガス油田の開発に絡んで尖閣諸島の領有権や琉球処分そのものを問い直す論調が中国人民解放軍などによってなされてきたのである。

それが最近になってまたも蒸し返されてきたのは、尖閣での対決が激化する中で、日本を揺さぶるカードとして沖縄を持ち出してきたということであろう。しかし、沖縄が中国のものだと言わんばかりの主張は、国際社会から相手にされるわけがない。

沖縄が明、清の時代に中国と冊封《さくほう》・朝貢関係にあったことは歴史的事実だ。また、文化の面で沖縄が中国の影響を強く受けてきたのも確かである。

だが、それを言うなら、日本全体が中国の影響を強く受けてきた。漢字、宗教、食生活など、影響は広範囲に及んでいる。この論法をもってすれば、沖縄だけではなく、「日本全体の主権問題が未解決」と言いかねない暴論である。

そもそも、尖閣諸島を含む沖縄が日本の領土であることは、中国自身が過去に何度も認めてきたことだ。

大正八年（一九一九年）に中国の漁民が尖閣諸島付近で遭難する事故が発生し、それを尖閣在住の日本人が救助し、中国に送り返すということがあった。この翌年、中国の長崎駐在領事が日本に感謝状を贈るが、そこには「日本帝国沖縄県八重山郡尖閣列島」と明記され、尖閣を含む沖縄が日本の領土であるという認識が明示されている。

それだけではない。昭和二八年（一九五三年）一月八日付「人民日報」は、米軍占領下の沖縄の人々の戦いを報道した中で、「琉球群島は、わが国の台湾の東北および日本九州島の西南の間の海上に散在し、尖閣諸島、先島諸島、大東諸島、沖縄諸島……など七つの島嶼からなっている」と明記していた。当時、中国で発行された地図もその通りに記載されている。

中国は、東シナ海に海底資源が埋蔵されている可能性が指摘された昭和四三年（一九六八年）を機に、がらりと立場を変えたのである。

利益を得るためには、尖閣諸島ばかりか、沖縄まで自分のものだなどと平気で嘘を言ってくるのが、隣国中国なのである。

辺野古埋め立ては沖縄側から提案された

沖縄県は、土地面積こそ小さいものの、日本の地方自治体の中でもっとも広い行政区域を持っている。沖縄諸島、大東諸島、先島諸島（宮古列島、八重山列島、尖閣諸島）がその範囲である。これに鹿児島県の奄美群島を加えて琉球諸島と言われる（大東諸島が琉球諸島に含まれない場合もある）。この琉球諸島と薩南諸島（与論島～種子島）を合わせて、南西諸島と呼ばれている。その延びる地域は一二〇〇キロあり、東シナ海と太平洋を分ける機能を果たしている。

こうした南西諸島の戦略的価値を踏まえた上で、米国は日本本土から最も離れた沖縄本島に着目し、陸軍・海軍・空軍・海兵隊の四軍を配備した。これが地政学上の現実だった。

元防衛事務次官守屋武昌氏の『「普天間」交渉秘録』（新潮社）という書がある。普天間基地移転問題に防衛省（旧防衛庁）の官僚として、第一線で取り組んできた内容が詳細に綴られている。以下、カギかっこは同書の引用である。その他は、筆者の責任による要約である。

それによると、守屋氏が普天間基地の移転先として当初から推していたのは、米軍基地キャンプ・シュワブの敷地の中に飛行場を建設する「シュワブ陸上案」だったそうである。しかし、当時の稲嶺恵一知事は、「県内に軍民共用空港を建設する、米軍の使用期間は十五年とする」ことを公約するとともに、建設先をキャンプ・シュワブの沖、名護市辺野古沿岸域にすると表明していた。

しかし、これはほとんど実現不可能な構想であった。この案はサンゴ礁を埋め立て、海上空港を建設するというもので、台風による波の影響を受けやすく、海上施設との連絡橋も米軍専用と民間専用の二本作らねばならないことから、その試算費用は莫大なものになっていた。

そもそも、それを選挙公約に挙げて当選した稲嶺知事だったが、日米両国が合意したにもかかわらず計画の推進には消極的で、知事になって七年目に入っても、建設予定水域でのアセスメント事業も実現できていない状況だったのである。

「私は十年ほど前から懇意にしていた沖縄の首長から、以前、聞いた言葉を思い出していた。この首長は、米軍と沖縄県民との『付き合い方』を熟知した人物だった。『既存の基地の中に作れば、新たに基地面積が増えるわけではなく、また基地の中に無断立入りをすると法律で罰せらることになっており、いくら反対している住民でも基地に入って、建設工事を妨害することは出来ない』」という考え方であった。まさに守屋氏の「シュワブ陸上案」に合致するわけである。

ところが、米国次官補リチャード・ローレスから、まったく新しい案が示されたのである。それは一五〇〇メートルの滑走路を辺野古沖の浅瀬に造るというものだった。浅瀬を意味する「ライト」を使い、「名護ライト案」と呼ばれた。

この提案に守屋氏は心当たりがあったという。それは、自衛隊の民間の親睦団体である「沖縄県防衛協会」の北部支部（名護市）が、普天間飛行場の早期移設を図るために総会で決議したものと同じ内容だったからだ。北部支部の会員は、ほとんどが建設業者だった。つまり、沖縄側が埋め立てを望んでいたのである。

「この裏には沖縄県防衛協会北部支部会長の仲泊弘次氏が絡んでいた。

名護市で総合建設業『東開発』を経営する仲泊氏は、沖縄の有力者だった。建設業のほか、生コン工場も持ち、石油や土砂の販売、不動産業、ボウリング場、宝くじ販売などを手がける『東開発グループ』を広く展開していた。市長、市議会にも顔が利き、商工会議所などでもその発言力は大きい。また、仲泊氏は在沖米国総領事や沖縄駐留の第三海兵師団司令官のウォレス・グレグソン中将（オバマ政権下では国防次官補）とも懇意にしていると、沖縄勤務の自衛官からは聞いていた」

同書には、沖縄県や名護市に何度も約束を破られた経過も、事細かく書かれている。これを読めば、単純に政府が沖縄に押し付けたというようなことはいえなくなる。

今、ボーリング作業をめぐって県と国が対立しているが、埋め立て工法の責任は沖縄県側にもあるということになる。それが誰か、そしてそれが悪いかということはともかく、基地移転で儲けようという人たちも、沖縄には現に存在しているということだ。それが悪いわけではない。

テレビ報道などを見ていると、まるで沖縄県民、名護市民のすべてが辺野古への移転に反対であるかのような印象を与えられてしまう。

だが、そんなことはない。名護の前の市長は移転容認派であった。市議会も容認派、反対派が拮抗している。これも現実である。

辺野古移転に反対する護憲派、反安保派の無責任

普天間基地の辺野古移転に反対する人々は、護憲派や日米安保体制に反対の人が多いようだ。この人たちは、国の防衛をどう考えているのだろうか。たぶん、何も考えていないのだろう。

この人たちは、「日本が戦後、戦争に巻き込まれなかったのは、憲法第九条があったからだ」という。しかし、この人たちは、改定された日米安保条約が締結される時、確か「アメリカの戦争に日本が巻き込まれる」といって、反対していたのではなかったのか。この時にはすでに憲法第九条は存在していた。明らかに論理が破綻している。

戦後、日本がどこからも侵略されなかったのは、まずは四方を海に囲まれているという地政学上の有利さがあった。同時に、日米安保条約に基づいて在日米軍が存在してきたからである。このことは、客観的な事実として認める他ないだろう。

東大名誉教授の平川祐弘氏は、「日本の戦後レジームを特徴づけるものは、よかれあしかれ、一九四六年憲法です。『諸国民の公正と信義に信頼して』という美辞のもと、敗戦国日本は昭和二十一年十一月三日に公布された憲法によって自国防衛の力をもつことを放棄させられました。そればかりではありません。武力を持つことが疚《やま》しいことのように私たちは教育されてきました。この軍事忌避《きひ》こそが新憲法の精神であったかに思われます」（『日本人に生まれて、まあよかった』新潮新書）と、実に鋭い指摘をしている。

日本共産党や日本共産党系の団体を見ていると、自衛隊というだけで顔をしかめるようなところがある。自衛隊員が街中を歩こうものなら即刻抗議するような人たちもいる。四年前に亡くなられた、元日本共産党の幹部会委員だった山下文男という方がいる。岩手県の大船渡市の出身で、子どもの頃、昭和八年（一九三三年）の昭和三陸津波の経験をしたことから津波の研究者でもあった。津波が来た時には、何をさておいても逃げるという意味の「津波てんでんこ」という言葉を広げた人でもある。

山下氏は、陸前高田市の病院に入院中の平成二三年（二〇一一年）三月一一日、東日本大震災による津波に襲われ、自衛隊員に救助された。

この山下氏が、自衛隊について、「僕はこれまでずっと自衛隊は憲法違反だと言い続けてきたが、今度ほど自衛隊を有り難いと思ったことはなかった。国として、国土防衛隊のような組織が必要だということがしみじみわかった。とにかく、僕の孫のような若い隊員が、僕の冷え切った身体をこの毛布で包んでくれたんだ。その上、身体までさすってくれた。やさしさが身にしみた。僕は泣いちゃったな。鬼の目に涙だよ」と語った。

護憲派の人たちは、この山下氏の話をどう聞くのか。憲法違反の自衛隊であっても災害時だけは出動するのが認められるとでもいうのであろうか。

護憲派は、自衛隊は憲法違反の軍隊だと批判する。だったら即刻、自衛隊解散の声を上げるべきではないのか。日本共産党もそうだ。なぜ、選挙公約に「自衛隊をただちに解散させます」と掲げないのか。

こう言うと、「われわれは民主主義を大事にする政党です。解散させるには国民の合意が必要です」と弁明する。そんなことは当たり前ではないか。

いったい、日本共産党の公約でどれほどのことが実現したというのだろうか。ほとんど実現したためしがない。先の総選挙では「消費税増税反対」を公約したが、その声もむなしく増税されてしまった。なぜなら国民合意がなかったからである。公約に「国民の合意が必要」なものしか掲げないなら、ほとんど公約などできなくなるだろう。

国民合意など関係ない。「自衛隊解散」などと叫べば、国民の顰蹙《ひんしゅく》を買うことも、現実的でないこともわかっているから、掲げないだけのことである。

日米安保条約も同様だ。かつては安保即時破棄を掲げていたが、平成二六年（二〇一四年）の総選挙政策を見ても、辺野古への移転中止という公約はあるが、日米安保の破棄という公約はない。

かつて日本共産党は、「米軍基地一つ一つをどうするかとなると、かえって交渉が難しくなる。日米安保条約第十条に基づいて、アメリカに破棄通告をすれば自動的に一年後には解消される。そうすれば米軍基地は一挙になくなります」と言っていたものだ。

これも自衛隊と同じ、「国民合意があればなくします」というのである。

自衛隊解散も、日米安保破棄も、国民合意などあり得ない。そのことをよくわかっていながら、こういうごまかしを言い続けているのである。

ここ二、三年、日本共産党は十数年の長期低落傾向からようやく脱却して、国政選挙でも、地方選挙でもそれなりの躍進を遂げている。だがそれは共産党自身も認めているように、自力による躍進ではない。民主党が政権から陥落し、羅針盤なき漂流を続けていること、維新の党など、その他の野党が自民党政権にすり寄っていることから、相対的に野党らしい野党として浮かび上がっているだけのことである。いわば〝引き算の結果〟なのである。

だが野党は、所詮野党である。共産党が、真にみずから掲げた公約を実現しようというのであれば、政権を目指す以外にはない。ではその展望は、この間、開けてきたのであろうか。一九七〇年代には、共産党が与党として加わる「民主連合政府」を真剣に目指していた。

当時は、東京都、神奈川県、愛知県、京都府、大阪府などで、日本社会党と日本共産党が与党の革新自治体が実現していた。国政でも、この両党が協力すれば、自民党から政権を奪取する可能性は皆無ではなかった。

だが現在はどうであろうか。共産党は、さかんに「自共対決の時代」だと喧伝している。巨大自民党に立ち向かおうというのだから、威勢も良いし、なかなか格好いいということだろう。

党内的には、大いに党員を叱咤激励することになろう。でもそれだけである。数の上では、どう贔屓目《ひいきめ》に見ても「自共対決」にはなっていない。

数の問題だけではない。政党である以上、政権獲得を目指す戦略を持たなければならない。〝野党らしい野党〟などというのは、政権を取れない者の「引かれ者の小唄」（追いつめられて、もうどうにもならなくなった立場の者が、平気を装ったり強がりをいうことのたとえ）にすぎない。

だが今の共産党には、その政権奪取戦略がない。ないというより持ちようがない状態に置かれていると言ってよいだろう。

一九七〇年代には、「七〇年代の遅くない時期に民主連合政府を実現する」としていた。いまは、「二一世紀の早い時期に実現する」としている。以前は、一〇年という期間内で「遅くない時期」としていたのが、いまは一〇〇年の期間内で「早い時期」にとしている。一〇〇年の期間内で「遅くない時期」では、ほとんど絶望的なので「早い時期」

にしただけの言葉遊びである。何十年も先の政権獲得展望など、到底、展望とは言えない。これが日本共産党が置かれているリアルな現状である。

いまの日本の政党状況を考えれば、選挙では日本共産党の好調さがしばらく続くことは間違いない。共産党は、一時、いまの時期を七〇年代、九〇年代に次ぐ「第三の躍進の波」などと騒いでいたことがある。

私があるテレビ番組で「波は必ず引くよ」と指摘したら、あわてて「第三の躍進の時期」と言い換えた。それにしても政権奪取の展望をつかむほどに躍進する可能性は、やはり皆無に近いであろう。第一の躍進の時期も、第二の躍進の時期も、その後には、第一の低落の時期、第二の低落の時期が訪れた。波は引いたのである。今度も波が引かない保証はどこにもない。

おわりに

本書の執筆を勧めてくれたのは、長野俊郎、禮子夫妻だった。俊郎君は兵庫県立伊丹高校時代の同級生である。長野夫妻は、保守派のシンクタンク・日本戦略研究フォーラムの常務理事、理事として、日本の安全保障や外交のあり方についての様々な提言をまとめるために尽力されてきた方で、私の敬愛する友人である。

その長野君が林健太郎著『昭和史と私』（文春文庫）を読んだ感想を寄せてくれた。林氏は東大紛争当時の文学部長（後に東大総長）として、左翼の全共闘によって八日間軟禁されたが彼らの要求に屈することのなかった硬骨の人である。

なぜ長野君が林氏の著作に関して、私に感想文を送ってきたかといえば、林氏がもともとはマルクス主義者であり、戦後、保守派になった人だからだ。またその後、林氏は自民党公認で出馬し参議院議員も経験している。私とは、この二つの点で似通っているからだというのである。残念ながら私は少しの違いで参議院議員時代を共にすることができなかったため、その謦咳《けいがい》に触れることはなかった。

その長野君の感想文を以下紹介して、本書の結びとしたい。


林氏は若いころは根っからの共産主義の信奉者であり、そこからどのように脱したか、どのような心理的葛藤を経たかを著書『昭和史と私』（文春文庫）で実に正直にかつ克明に綴っておられる。

「……ひとたび捕らえられたイデオロギーから脱却するというのはなかなかむずかしいものである。それはそのイデオロギーの唱える理論が客観的事実と合致しなくなることによって生ずるのであるが、その過程がまた決して簡単ではない。というのはかつて信じた真理の誤りを認めるのは辛いことであって、そこで初めはなるべく認めまいとする。都合の悪い事実は『デマ』であるといって否定する」

氏の仰る通りで「辛い」ものがあるだろう。共産党の大幹部であった筆坂君も同様の経験をしたことだろう。

「そして否定し得ない事実が存在しても、それは本質的ならぬ現象だとしたり、あるいは努めてそれに触れず顧みて他を言ったりして、その意義を努めて小さなものにしようとする」

全くこの通りで、ソ連の崩壊については本来あるべき共産主義ではなかったという整理であり、現在の中国の膨張主義についても、昔日本もやったことではないか、恐れるほどのことではないというスタンスに立って、努めて些細なことであると理解した振りをしている。実に危ういことになっている。

また氏は、「しかし、それも次第に通用しなくなってそのイデオロギーは破れるのであるが、それには時間がかかり、その途次それはいろいろな形をとるのである」と続けている。

世界の現状を見て共産主義イデオロギーはすでに破綻していて、歴史学の一頁として納まってしまっているにもかかわらず捨てきれないでいる者たちの不誠実さには理解に苦しむ。

さらに林氏はこの著書で自分自身が終戦後のソ連の動きからその実態が見えてくる過

程、例えば日ソ中立条約の有効期間に日本に宣戦布告して満州に攻め込んだこと、スターリンの「われわれは日露戦争の仇を討ったのだ」という演説、満州に攻め込んできたソ連兵の蛮行、六十万人といわれるシベリア抑留、北方諸島の占領等々の国際法、国際慣習、国際倫理に反することの生起するなかで、その度に懸命にソ連を弁護し説明するが説明がつかず徐々に破綻して最後に共産主義と決別する心の微妙な動きを事細かく述べておられる。まことに尊敬すべき歴史学者である。

昭和三十年代四十年代の左翼シンパのほとんどは、ハシカが治って何事もなかったかのように社会に出て行った。今は「普通」の人生を送っているのだろうが、共産主義にかぶれていた若い頃を振り返り、「俺もエリートの端くれだった」と、そんな〝勘違い〟を自慢する友人もいる。罪なき良き思い出という程度か…。

現在も左翼を続けている多くの者は林氏と同じ経路をたどりながらも、自らの思考回路を整理できず、どこか途中で引っ掛かっていたり、無理矢理正当化しようと無駄な努力をしていたりしている。

共産党幹部の本心を聞いてみたい。社民党幹部の本心も聞いてみたい。よど号ハイジャック事件で北朝鮮にいる犯人らの今の偽らざる心境を聞いてみたい。まさか、一発逆転、中国の侵略を助けてイデオロギーの整合性を心待ちにしているということはなかろう――そう信じたいものである。

正直な気持ちになって潔く過去を否定して新しい人生を始める勇気こそ貴重である。方針変更はよくあること、君子ですら豹変するのであり「過ちては改むるに憚ることなかれ」である。世間は大きく優しく温かいもの、必ず歓迎してくれるものである。

日本共産党と中韓
左から右へ大転換してわかったこと

著者　筆坂秀世

２０１５年６月25日　初版発行
２０１５年12月１日　６版発行

筆坂秀世（ふでさか　ひでよ）
１９４８年、兵庫県生まれ。高校卒業後、三和銀行に入行。18歳で日本共産党に入党、25歳で銀行を退職し、専従活動家となる。国会議員秘書を経て参議院議員に当選。共産党ナンバー４の政策委員長を務めるとともに、党屈指の論客として活躍。２００３年に議員辞職。05年に離党後、多数の著書出版や、テレビ出演などで活躍。主な著書に『日本共産党』（新潮新書）、『論戦力』（祥伝社新書）など。

発行者　横内正昭
編集人　青柳有紀
発行所　株式会社ワニブックス
〒１５０－８４８２
東京都渋谷区恵比寿４－４－９えびす大黒ビル
電話　０３－５４４９－２７１１（代表）
０３－５４４９－２７１６（編集部）

装丁　橘田浩志（アティック）
小栗山雄司
校正　玄冬書林
企画協力　長野禮子（一般社団法人 日本戦略研究フォーラム）
編集協力　中野克哉
編集　内田克弥（ワニブックス）

印刷所　凸版印刷株式会社
ＤＴＰ　株式会社 三協美術
製本所　ナショナル製本

ISBN 978-4-8470-6562-0
ワニブックス【PLUS】新書 ＨＰ　http://www.wani-shinsho.com